SOLLICITATIONS DE BUSSY

POUR RENTRER EN GRACE

PAR

ÉD. DE LA BARRE DUPARCQ

MÉMOIRE

LU A L'ACADÉMIE DES SCIENCES MORALES ET POLITIQUES.

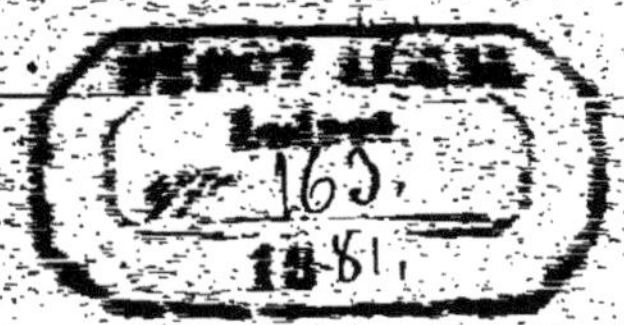

PARIS

CH. TANERA, ÉDITEUR

LIBRAIRIE POUR L'ART MILITAIRE, LES SCIENCES ET LES ARTS

RUE DE SAVOIE, 6.

1881

SOLLICITATIONS DE BUSSY

POUR RENTRER EN GRACE

MÉMOIRES DU MÊME AUTEUR.

Civilisation et art militaire, 1861.

L'art des indices, 1862.

Hannibal en Italie, 1863.

L'art militaire des guerres de religion, 1864.

Le bonheur à la guerre, 1865.

Des imitations militaires, 1866.

Talents militaires de Louis XIV, 1867.

Rapports entre la richesse et la puissance militaire des États, 1868.

Richelieu ingénieur, 1869.

Du nombre des tués dans les batailles, 1870.

François Ier et ses actions de guerre, 1871.

Le soldat français comparé aux soldats étrangers, 1872.

Maximes militaires de Machiavel, 1873.

La monnaie de Turenne, 1874.

Henri IV et nos frontières, 1875.

Opinion de Montaigne sur nos troubles, 1881.

SOLLICITATIONS DE BUSSY

POUR RENTRER EN GRACE

PAR

ÉD. DE LA BARRE DUPARCQ

———

MÉMOIRE

LU A L'ACADÉMIE DES SCIENCES MORALES ET POLITIQUES.

———◦◦◦———

PARIS

Ch. TANERA, ÉDITEUR

LIBRAIRIE POUR L'ART MILITAIRE, LES SCIENCES ET LES ARTS

RUE DE SAVOIE, 6.

1881

SOLLICITATIONS DE BUSSY

POUR RENTRER EN GRACE.

En scrutant les nombreux documents publiés depuis trente ans sur la mémorable époque de Louis XIV, documents qui l'ont rajeunie, renouvelée et rendue tout autre que dans le *Siècle de Louis XIV*, qui est pourtant un des bons ouvrages de Voltaire, j'ai toujours été frappé de la part considérable qu'y tient la correspondance de Bussy-Rabutin, et d'un épisode de cette correspondance, sa ténacité pour parvenir à attendrir le cœur royal et pour recouvrer ses bonnes grâces, sa faveur. Je voudrais produire cette ténacité au grand jour, la montrer dans tout son relief, car rien ne justifie mieux le prestige exercé par ce monarque: si l'Académie m'y autorise, je vais essayer de le faire.

Bussy témoigne *une extrême passion pour le service de Sa Majesté;* il redemande à servir, dès sa sortie de la Bastille, à peine en exil à Bussy et à Chaseu; la deuxième lettre de son recueil épistolaire, celle du 14 octobre 1666 au duc de Noailles en fait foi.

Pourquoi, pour quel crime avait-il été enfermé et enfermé durant treize mois, puis obligé de se démettre, après trente-cinq ans de service, d'une grande charge, celle de Mestre de camp général de la cavalerie légère ? On n'a jamais su exactement pourquoi, pour son fameux *Cantique,* ses inscriptions au bas des portraits des dames, dont on se méfia toujours (1) ou encore pour son célèbre *livre d'Heures,* dont il

(1) Voy. la lettre 308 de sa correspondance, écrite le 24 octobre 1670, par Mme de Montmorency. Ce n° 308 s'applique à l'édition de cette cor-

condamna, dit-on, plus tard lui-même les petits discours mis au bas du portrait de chaque mari trompé, en forme d'oraison ou de prière; et Louis XIV est heureux, ce semble, de ne pas avoir trouvé en lui un personnage rancunier car il avait la plume bonne, il savait beaucoup de choses, il eût pu écrire, dans sa retraite, sur le grand règne, et le traiter à la façon de Saint-Simon. Bussy ne le fit pas, sa correspondance n'est pas hostile au gouvernement, il faut en tenir compte à l'homme de mérite qui pouvait se dire après tout une victime.

C'est au sujet de son emprisonnement que Bussy écrit à Mme de Montmorency le 10 août 1669 : « la fortune fait passer les bagatelles des malheureux pour des crimes; » ceci semble indiquer le peu de gravité de sa faute. On sait qu'il s'était *moqué de son prochain* et que le roi l'avait puni *à cause du public :* il est vrai que c'est sa femme qui lui écrit cela, de Saint-Germain, le 8 septembre 1669. Dix-sept jours après, Corbinelli, ayant occasion de correspondre avec lui sur Horace (1), constate qu'il a été puni *pour des riens,* mais celui-là, ayant été aussi à la Bastille, devait juger avec indulgence ses co-prisonniers. Évidemment on avait rapporté inexactement les propos que Bussy avait pu tenir et c'est pour cela qu'il se déclare dorénavant : « plus circonspect aux choix de ses amies (2) ». Déjà, en juin 1668, sa correspondance en témoigne, on avait présenté au roi un placet contre lui, il avait demandé qu'on renvoyât cette pièce à l'intendant de Bourgogne, et celui-ci était tombé d'accord de la calomnie (3).

respondance donnée en 1858 et 1859, dans la bibliothèque Charpentier, en six volumes, par M. Ludovic Lalanne, édition assez complète quoique depuis son apparition on ait mis à jour des lettres inédites de Bussy, par exemple M. Tamizey de Larroque dans le *Bulletin du Bouquiniste* de la librairie Aubry, du 1er décembre 1867 et du 15 juillet 1875.

(1) 25 septembre 1669, de Toulouse.

(2) Bussy à Mme de Fiennes, 15 octobre 1669.

(3) Lettre de Bussy au roi, 22 juin 1668.

Fait curieux, lui dépouillé *pour des riens* (1), *pour des bagatelles* (2), pendant son exil, on lui attribuait des chansons, on le calomniait. Ainsi il écrit à Mme l'abbesse de Merreton, de Paris, le 15 mars 1675, un passage formel : « Je ne trouve pas étrange que le misérable qui a fait ces chansons-là les ait mises sous mon nom, sous lequel *toutes les calomnies sont crues;* mais je suis surpris qu'il y ait des gens désintéressés, assez sots pour croire qu'un homme de mon âge (il comptait alors cinquante-sept ans), du rang que je tiens dans le monde et *qui n'a pas fait un faux pas dans huit années de disgrâces,* soit capable de si grandes extravagances; encore une fois, Madame, je lui pardonne, puisque cela m'a attiré des témoignages de votre amitié. » Et à ce sujet lorsque Louis XIV parle au duc de Saint-Aignan de ce nouveau bruit calomnieux, le roi ajoute qu'il n'y croit pas, mais que cependant on le dit et Saint-Aignan répond : « Cela est bien étrange, Sire, que Bussy soit toujours accusé et jamais convaincu (3).» Ce mot de Saint-Aignan ne fournirait-il pas l'une des clefs de l'exil de Bussy-Rabutin? Le roi le soupçonna toujours un peu de médisance, si ce n'est contre sa personne, au moins contre ses amours, mais quant à des preuves il n'en trouva point, du moins jusqu'à ce jour l'histoire l'ignore.

On lui a surtout reproché *certains cantiques* en d'autres termes des *Alleluias* (4), et une *galerie de portraits* jouissant d'une mauvaise renommée.

Pour le cantique ou les alleluias, termes qui avaient pu effaroucher (5), on ne sait rien autre chose que des insinua-

(1) C'est l'expression de Corbinelli, lettre à Bussy du 25 septembre 1669.

(2) Bussy à Mme de Sévigné, 12 avril 1681.

(3) Appendice de Bussy à sa lettre au duc de Saint-Aignan du 4 avril 1674.

(4) Que Deodatus est heureux, etc.

(5) On peut le supposer, si le mot du cardinal Mazarin est vrai: « Vous

tions, car on n'a encore découvert, à ce sujet, aucune reproduction, aucun débris de lettre. Il est vrai que l'on prétend avoir lu, dans une lettre adressée par notre auteur, à Mme de Sévigné et contenant une traduction de la prose *O filii,* l'aveu fait par lui-même de vers licencieux composés jadis sur ce cantique (1), mais ces vers blâmables étaient-ils un des alleluias en question ? et pourquoi ne sont-ils pas venus jusqu'à nous, alors que la masse des documents historiques que nous possédons offre déjà de si vilaines pages ?

Pour la galerie de portraits, il possédait, à Bussy, une galerie des rois de France depuis Hugues-Capet, une galerie des hommes d'État et de lettres, une antichambre remplie de portraits de guerriers, une pièce spéciale consacrée depuis la belle Agnès, *aux maîtresses et bonnes amies des Rois,* une chambre remplie de portraits de familles, enfin un grand salon orné des plus belles femmes de la cour lui ayant donné leurs portraits (2). C'est de ce salon que l'on a médit, mais si nous l'en croyons, la souscription (ainsi appelle-t-il la légende apposée sous chaque figure) ne dépasse pas le sens de celle-ci : « Adélaïde de...., la plus belle femme de son temps, mais moins fameuse par sa beauté que par l'usage qu'elle en fit (3) », c'est-à-dire un double sens, une allusion. Mme de Montmorency le déclare d'ailleurs trop honnête homme pour placer une inscription déshonorante au-dessous d'un portrait de femme et assure qu'il les épargnerait à ses amies (4). Dans la galerie des rois de France, il avait écrit au bas du portrait de Louis XIV, cet éloge : « Arbitre de l'Europe, fort considéré et même craint dans les

voilà donc pauvre exilé ! Il faut désormais prendre garde à votre conduite, car les dévots sont alertes. » *Mém. de Bussy,* année 1660.

(1) Reportez-vous à l'article Bussy dans le *Dictionnaire de la conversation et de la lecture.*

(2) Lettre de Bussy à Mme du Bouchet, 24 août 1671.

(3) Lettre de Bussy à Mme de Montmorency, 2 novembre 1670.

(4) Lettres des 8 juin et 24 octobre 1670.

autres parties du monde, *aimable* et *terrible*, enfin le plus brave et le plus galant prince de la terre (1) ».

En outre pendant sa disgrâce entière, Mme de Sévigné tient toujours pour lui, elle nourrit sans cesse *un soupir à son intention*, elle lui écrit en style de consolation « nous avons peu de part à nos destinées ; tout est entre les mains de Dieu (2) ». Eût-elle agi ainsi, au cas où véritablement Bussy eût été coupable de quelque forfait ?

Je reconnais que Bussy pouvait parfois devenir quinteux, car pour caustique il avait trop d'esprit et trop de succès de paroles et de plume pour ne pas l'être ; on le saignait souvent, comme Mme de Sévigné du reste, et si ses ennuis ont pu y contribuer (3), si la mode alors portait les médecins à ce remède, il n'en reste pas moins vrai qu'il y avait disposition dans cette famille, et chez lui surtout, à un état pléthorique qui pouvait lui donner de l'humeur. Il a été un instant brouillé avec Mme de Sévigné, la négociation pour se réconcilier a été longue, je me rappelle certain passage où la célèbre épistolaire le traite crûment *d'homme excessif* (4), mais c'est une plaisanterie en dépit *de la gravité* que l'accusé garde vis-à-vis d'elle (5), cette petite colère passe vite et l'on reconnaît que s'il *arrive des incidents*, le fond *est bon* et qu'on en *pourra rire quelque jour* (6).

Et Mme de Sévigné, sa parente, qui avait de certains côtés communs avec lui dans le caractère, n'est pas la seule qui le soutienne. Il comptait de véritables amies.

En tête nous placerons Mme de Scudéry, femme de l'auteur

(1) Bussy à Fléchier, de Chaseu, 14 (ou 30) mars 1673.
(2) Lettre du 24 janvier 1675.
(3) *Id.* à Mme de Sévigné, 17 juillet 1668.
(4) *Id.* du 4 juin 1669.
(5) *Id.* du 9 juin 1669.
(6) *Id.* du 16 avril 1670.

d'Alaric (1), esprit sensé et solide (2) plutôt que brillant, cœur attentif et d'où lui vient plus d'une consolation. C'est elle qui dépeint d'un mot sa légèreté, ou mieux son entraînement dans l'amour, lui disant : « Je suis persuadée que vous êtes facile en amitié, c'est-à-dire que, quand une dame vous a une fois gagné, il n'est pas aisé de vous perdre, *pourvu qu'elle ne soit pas votre maîtresse* (3). » Et pour qu'il ne s'y méprenne pas, elle ajoute : « Vous autres, Messieurs les amants, il n'est pas vrai que vous soyez propres *à l'amitié solide* ou bien à l'agréable (4) ». Il est vrai qu'elle n'était pas galante et s'en vantait ; elle trouvait à cet état un repos de conscience et une *quiétude d'esprit* assez agréable que Mlle Dupré, *son indispensable*, partageait avec elle, ne sachant pas plus qu'elle ce qu'était la galanterie (5). Toutefois elle reconnaît que l'état de veuve est la condition la plus libre et donne la facilité de mal faire (6), mais sans admettre qu'elle ne regrette pas son mari, comme Bussy l'insinuait (7) et assurant que, depuis sa mort, elle n'a pas trouvé de *véritable ami* (8). C'est Mme de Scudéry qui ne sait comment réveiller le duc de Saint-Aignan, quand il s'endort au lieu de solliciter pour Bussy (9) mais qui se met à rédiger un placet pour Bussy, le signe pour lui et obtient de

(1) Reportez-vous à mon petit article *M^r Mlle et Mme de Scudéry*, 1878.

(2) Ainsi elle plaint avec raison Mlle de la Vallière d'avoir été, avant sa prise de voile, si longtemps soumise au supplice de lutter en public, avec la Montespan, alors que Louis XIV se plaisait à les faire monter dans le même carosse. Fragment d'une lettre à Bussy, du 14 juin 1674.

(3) Mme de Scudéry à Bussy, 18 octobre 1670.

(4)   *Id.*   29 août 1671.

(5)   *Id.*   8 septembre 1670.

(6)   *Id.*   25 mai 1671.

(7) Bussy à Mme de Scudéry, 17 juillet 1671.

(8) Mme de Scudéry à Bussy, 11 août 1671.

(9)   *Id.*   25 mai 1671.

la sorte un séjour de trois semaines à Paris par l'entremise
de Mme de Noailles. La lettre par laquelle, toute heureuse,
elle annonce ce bonheur au pauvre exilé, laisse entrevoir
M. le Prince comme une pierre d'achoppement qu'il faudra
voir et circonvenir, et déborde d'une satisfaction naturelle
qui fait plaisir. « La joie que j'ai de vous envoyer un ordre
de votre retour, Monsieur, est un peu bornée à cause du
temps. Mais elle est extrême à cause de l'amitié que j'ai
pour vous et de l'envie que j'ai de vous voir. C'est peu de
chose que trois semaines, *mais il n'y a qu'à commencer*.
Un bienfait en attire un autre. Enfin, Monsieur, je ne veux
plus vous écrire ; je veux vous dire moi-même tout ce que
l'on est obligé de dire aux amis après une si longue absence:
car, quelque esprit qu'ils aient, ils ont besoin d'être ins-
truits. » Et son cœur avait raison il y avait mille nuances
utiles pour son avenir, qu'elle devait dévoiler à Bussy (1).
Celui-ci lui répond : « Voilà le charme rompu, Madame, et
c'est à vous à qui je dois cette grâce. J'aime autant finir ma
lettre que d'en dire davantage: aussi bien j'écrirais un volume, je ne dirais pas tout (2) ». Puis il adresse une lettre
de remerciement au roi, et accourt à Paris. Cette madame de
Scudéry était extrêmement pauvre, comme du reste son
mari, et Bussy la soutenait dans sa pauvreté honorable, non
pécuniairement mais moralement: « Je voudrais, lui écrit-il,
le 20 février 1671, revenir deux ans plus tard à la cour que
je ne ferai, et que vos affaires fussent en meilleur état
qu'elles ne sont. Au reste ne croyez pas que je sois honteux
d'avoir une amie aussi mal en ses affaires que vous courez
risque d'être. Je savais à peu près sur ce chapitre ce que
je sais, quand je fis amitié avec vous ; et la manière avec laquelle vous souteniez, dès lors, votre mauvaise fortune, ne
fut pas une des moindres raisons qui me firent souhaiter
d'être votre ami. » Voilà certes des relations fondées de

(1) Mme de Scudéry à Bussy, 7 juillet 1673.
(2) Bussy à Mme de Scudéry, 10 juillet 1673.

part et d'autre sur des sentiments louables, désintéressés et d'une sûreté rare en tout temps.

Parmi les autres amies, ou correspondantes de Bussy, car pour lui c'est tout un, et il semble que le vers célèbre :

« Tant que je vous écris, vous n'êtes point absente. »

soit fait spécialement à son intention, nous citerons (1) :

Mme de Fiesque, qui dès la première lettre qu'on lit d'elle dans la correspondance lui déclare : « Ne croyez pas que je puisse changer pour vous ; comptez sur mon amitié pour toute votre vie ou plutôt pour toute la mienne. »

Mme de Montmorency, qui lui écrit, malgré la migraine, *et dût-elle en mourir*, afin de lui témoigner sa joie de ce qu'il l'assure de son amitié (2) et ailleurs : « Croyez que j'aurais une joie infinie si je pouvais vous rendre le fond que vous devez faire sur moi (3). » Les lettres entre eux sont assez fréquentes, et, quand Bussy se néglige, la dame lui dépêche ces mots « je n'entends non plus parler de vous que si vous étiez à la Chine (4). » C'est Mme de Montmorency qui ose citer cet ambassadeur de Guinée qui s'opiniâtrait à vouloir se présenter *tout nu* à l'audience du Grand Louis XIV (5). C'est encore elle qui, après avoir eu la petite vérole, et fuie par tout le monde, en était réduite à la campagne à jouer aux cartes *avec ses femmes et ses laquais* (6). En 1672 elle promet une lettre hebdomadaire à Bussy, afin qu'il réponde, car elle n'est point habituée de parler aux rochers (7).

(1) Sans compter Mademoiselle (de Montpensier) qui lui portait aussi de l'amitié.

(2) Lettre du 3 juin 1667.

(3) *Id.* du 24 mars 1669.

(4) *Id.* du 1er décembre 1669.

(5) *Id.* du 9 décembre 1670.

(6) *Id.* du 1er décembre 1671.

(7) *Id.* du 29 mars 1672.

Mlle *d'Armentières,* qui mourut octogénaire dans les dernières années du grand règne, à laquelle il demande son portrait, l'une de ses correspondantes auxquelles il ose parler de son sempiternel espoir de revenir à Paris (1) ; Elle vivait assez tristement, avec une personne malade; l'abbé Illerin faisait sa partie (2). Elle se plaignait à Bussy de le voir si longtemps une *brebis égarée,* c'est-à-dire absente (3), et quand Mme de Bussy vient faire ses couches dans la capitale. « Si vous aviez pu venir accoucher pour elle de quelle peine l'auriez vous tirée et quel plaisir eussiez-vous fait à vos amies (4) ! »

Mlle *Dupré,* l'inséparable de Mme de Scudéry avons-nous vu, avait plus de lettres que la précédente, s'amusait à faire des bouts rimés, avec les conseils de l'abbé du Bac, et excellait à faire rimer *délicat et esperlucat* (5). En général ses missives apportent à notre héros des pièces de vers, plutôt que des nouvelles. Elle l'admire sachant égayer son exil (6). Une fois elle lui transmet un madrigal de la part de Conrart. Une autre fois elle ne lui a pas souhaité la bonne année, afin de ne pas lui rappeler ses chagrins par un compliment habituel (7). Quand une lettre se perd entre elle et Bussy, elle redoute qu'elle soit tombée *dans des mains étrangères* (8) autrement dit *peu sûres,* et a raison de laisser voir sa crainte, à ce sujet, à son correspondant

(1) Lettre de Bussy, 6 février 1667. Mlle d'Armentières n'avait alors que trente-cinq ans : elle prenait du lait d'ânesse et se disait étique et jaune ; néanmoins elle promet son portrait : Voyez sa lettre du 12 février 1667.

(2) Lettre du 7 avril 1668.

(3) *Id.* du 6 novembre 1668.

(4) *Id.* du 12 mai 1669.

(5) *Un Amoureux esperlucat.*

(6) Lettre du 13 novembre 1669.

(7) *Id.* du 25 février 1670.

(8) *Id.* du 22 juin 1670.

déjà si étrillé par la médisance. A-t-elle autant raison d'annoncer à Bussy que M. de Mazarin vient de casser chez lui pour cent mille francs de statues immondes (1)? Encore une correspondante qui reste fille, parce qu'elle *méprisait* l'amour *cause de tant de sottises* (2). Cela ne l'empêche de se réjouir avec Conrart et plus que lui, lorsque Bussy vient passer plusieurs semaines à Paris (3).

Il nous reste à·parler de Mme Bossuet, de Mme de la Roche et de Mme de Gouville.

La première, parente du célèbre évêque de Condom et de Meaux, entre en scène dans la correspondance en se prétendant guérie par une visite, puis par une lettre de Bussy ; en même temps elle s'écrie (4) de la fameuse *Bérénice*, dans la tragédie de ce nom par Racine : « Mon Dieu *la jolie maîtresse?* » C'était une dijonnaise. Elle finit par plaider *pour l'amitié* (5), comme Mme de Scudéry et Mlle Dupré, mais reconnaissons-le, afin d'être véridique, avec une pointe de tendresse de plus, que Bussy lui rendait du reste. Bussy faisait souvent passer par elle ses lettres à l'abbé de Choisy, ce dont elle se félicitait disant : « Si vous agissiez autrement, j'y perdrois les plus jolies choses du monde (6). » A son tour elle le consulte sur des livres qu'on lui adresse. Lui, de son côté, s'impatiente quand elle tarde à lui écrire (7). Cette dame assure que son cœur *se donne* moins aisément *qu'une couronne ;* et montre une certaine naïveté, avouant qu'avec ses amis *il ne lui est pas possible*

(1) Lettre du 2 novembre 1670.
(2) *Id.* du 22 juin 1671.
(3) *Id.* du 20 juillet 1673.
(4) *Id.* du 28 juillet 1671.
(5) *Id.* du 5 août 1671.
(6) « Jusqu'ici je ne ressens que de l'amitié pour elle mais je ne réponds pas de l'avenir et je ne veux point avoir les mains liées. » Bussy à l'abbé de Choisy, 13 août 1671.
(7) Lettre du 10 août 1671.

de mesurer ses paroles (1). Elle cajole son correspondant, même en retard, sans doute tant elle craint de le perdre, affirme même à Bussy que son amitié aura pour elle, dans vingt ans, toute la grâce de là nouveauté (2).

La seconde, autre Bourguignonne, Mme la comtesse de la Roche, habitait Autun, et avait passé pour être, durant son exil, la maîtresse de Bussy ; on ne le dirait guère à lire ses lettres. Son mari servait au Canada, au moins en 1668 ; c'était sans doute un officier de marine. Elle dit bien à Bussy : « La crainte de ne pas conserver vos amis est en vous une œuvre de surérogation (3). » Et ailleurs : « Avez-vous oublié, vous qui n'écririez pas en mille ans, que c'est toujours aux cavaliers à faire la moitié du chemin avec les dames (4) ; » elle s'excuse fort cependant quand elle ne peut lui écrire (5), mais il n'y a pas dans tout cela trace bien accusée de liaison ; quand d'autres sont jalouses d'elle et de Mme Bossuet, par rapport à Bussy, elle écrit simplement que ce serait à elle « d'être jalouse d'une aussi belle dame que Mme Bossuet (6). »

Enfin Mme la marquise de Gouville, qui jouit d'une réputation moins bonne et qui préfère le voisinage de Bussy à celui *de qui que ce soit en France* (7), est avec lui plus libre d'allures en effet, non parce qu'elle meure d'envie de le voir de retour à Paris, mais parce que c'est chez elle de nature. Fait curieux, elle avait été volée à huit heures du soir, dans Paris, par des soldats, au moment où elle tenait à la main une lettre de Bussy qu'elle eut beaucoup de peine

---

(1) Lettres des 2 et 3 octobre 1671.
(2) *Id.* du 19 décembre 1671.
(3) *Id.* du 12 avril 1672.
(4) *Id.* du 6 juin 1872.
(5) *Id.* du 20 octobre 1672.
(6) *Id.* du 8 avril 1673.
(7) *Id.* du 28 août 1670.

à ravoir d'eux, et à laquelle elle tenait, l'adresse de Bussy s'y trouvant incluse (1). Elle promet aussi son portrait peint par Juste pour la fameuse galerie (2), en lui demandant ce qu'il écrira au-dessous. Il paraît que la solitude la rendait *sauvage*, c'est du moins elle qui le dit (3).

Bussy possédait trop de supériorité pour ne pas traîner à sa suite des ennemis, au moins des jaloux : son esprit mordant avait dû également lui en attirer.

Mentionnons à ce sujet Genlis et Lamark dont il écrit, le 22 janvier 1673, à Mme de la Roche : « Je sais leur exil et j'y prends la même part que je crois qu'ils ont prise au mien, *c'est-à-dire que j'en suis bien aise* ; car je rends justice aux gens sur les sentiments qu'ils ont pour moi. Je ne suis ni ingrat ni insensible, et je proportionne toujours autant que je puis ma reconnaissance à mon ressentiment. » C'est parler net et, pour ces deux-là, nous voilà prévenus.

Pour les autres, il y en a avec lesquels il se raccommode ; par exemple Mme de la Baume, qui l'avait trahi en montrant le manuscrit de l'*Histoire amoureuse des Gaules* qu'il lui avait prêté ; Mme de Sévigné (4) le blâme *de faire tous les jours des réconciliations*, et de fait, il était trop confiant, et elle ajoute à propos de cette dame, *ce brouillon de temps qui change tout, changera peut-être sa fortune !*

Ce sont ces ennemis et envieux qui le tenaient dans une disgrâce sourde et continue, telle que bien des gens en rencontrent dans le cours de leur existence, avant que sa véritable et éclatante disgrâce ne survînt (5).

Bussy avait commencé à combattre durant la Fronde. Il venait d'acheter la lieutenance des chevaux-légers d'ordon-

(1) Lettre du 12 novembre 1666. Ces soldats furent pendus.
(2) Lettres des 2 mars et 20 juin 1667.
(3) Lettre du 16 septembre 1667.
(4) *Id.* à Mme de Grignan, le 21 octobre 1673.
(5) Voyez la fin de la lettre du 29 juillet 1668 à Mme de Sévigné.

nance du prince de Condé et servit ce prince, embrassa même sa vengeance après son arrestation. Mais Condé lui étant peu favorable et lui préférant Guitaut, lui proposant en outre, une fois libre, et par répétition de céder sa charge à ce favori, il quitta le service du rebelle et se consacra à celui du monarque lequel lui permit d'acheter du comte de Palluau la charge de mestre de camp général de la cavalerie légère.

Depuis, Bussy prit part aux guerres de Louis XIV, rejoignant l'armée de Turenne en Flandre, un peu après la bataille des Dunes. Il croyait avoir servi autant que qui que ce fût, *et utilement pour l'État,* et pensait qu'il eût pu prétendre aussi au maréchalat (1), quoiqu'il assure qu'il n'y eût jamais été nommé (2).

Comment appréciait-il la guerre ? Le 25 mai 1672, au sujet de la campagne prochaine, il écrit à sa cousine Mme de Sévigné : « Vous avez raison de dire que cette campagne fait peur. Je crois qu'elle sera terrible, *et voilà comme je les aime;* si j'y étais, je prétendrais acquérir de la gloire ou mourir. » Ici n'exagérons rien, c'est l'officier qui parle, et surtout l'officier qui aurait voulu pouvoir figurer, être employé dans cette guerre. C'est absolument comme quand Benserade et Mme de Sévigné regrettent que la victoire de Senef coûte cher à la France, et de fait ce succès à la Condé reste un de nos plus cruels souvenirs. Il répond sensément et avec calme à cette dernière, le 10 septembre 1674. « Nos victoires sont fort chères, mais *elles en sont plus honorables.* »

(1) « J'ai souhaité d'être maréchal de France, j'ai fait tout ce qui fallait pour le devenir. » Lettre de Bussy à Mme de Sévigné, 12 avril 1681. A la fin de cette lettre le correspondant de *la belle cousine* ajoute « quand je vois faire un maréchal de France *indigne,* je ris sous cape. » Lisez à ce sujet sa lettre du 11 mai 1681 à Mme de Scudéry, où il met en évidence *le petit mérite* de la Feuillade.

(2) Lettre de Mme de Sévigné, 29 juillet 1668.

Bussy, d'ailleurs, était réputé *savoir la guerre* (1). Et c'est pour cela que ses explications sur ce qui se passe en guerre adressées le 26 juin 1672 à Mme de Sévigné, justement inquiète pour son fils (2), explications fort connues du reste, ont une portée réelle : « on se trouve souvent dans des batailles sans voir l'ennemi. Dans une guerre de campagne les officiers de cavalerie courent plus de hasard que les autres, dans une guerre de siége les officiers d'infanterie sont mille fois plus exposés. » Et il continue sur ce ton, trouvant le passage du Rhin *une belle action,* mais moins téméraire qu'on ne pense ; tout ce morceau est à lire.

Bussy n'aimait pas Turenne, mais lui rendait une éclatante justice.

Nous ne comptons pas indiquer les demandes reçues par Bussy pour donner, quoique absent, sa voix à des candidats à l'Académie française, tels que l'archevêque de Paris ou Fléchier ; cette voix ne pouvait évidemment compter ; il est préférable d'apprécier en notre héros le littérateur. Le P. Rapin avait raison quand il disait : « *Votre manière d'écrire est la vraie,* et vous êtes le seul qui ayez trouvé *l'art d'écrire simplement,* sans paraître bas, et d'être naturel sans être plat (3). » Cet éloge délicat gagna Bussy (4) et la correspondance entre les deux écrivains s'étendit à notre profit. Le P. Rapin prit aussi intérêt aux suppliques adressées au Roi par le pauvre exilé (5). Il trouvait de l'agrément au commerce de l'homme comme à son style, que personne ne sait imiter, dit-il (6).

(1) Saint-Aignan à Bussy, 15 juin 1674.

(2) Mme de Sévigné s'est plainte, on le sait, en une page charmante d'une contusion reçue par son fils. Rapprochez-en ce qu'elle dit du marquis de Grignan, en sa lettre du 10 avril 1691.

(3) Le P. Rapin à Bussy, 24 juillet 1671.

(4) Bussy au P. Rapin, 18 août 1671.

(5) Lettre du 5 octobre 1671.

(6) Le P. Rapin à Bussy, 20 mai 1673.

En effet le style de Bussy est excellent. Il dira, il est vrai : « J'ai bien du chagrin de savoir le vôtre (chagrin) (1), » mais c'est une élision dans le goût du temps. Partout il est correct, élevé, et surtout clair ; c'est un homme pratique qui a vu, étudié, composé, à la fois poète et prosateur, qui possède de l'esprit naturel, dont les relations du monde sont étendues, parfaites ; que de bonnes conditions pour se faire un style particulier, personnel ! Notre héros n'y manque pas, et il lui doit une partie essentielle de sa réputation littéraire.

Malgré son talent réel, qui en fait un écrivain, si ce n'est de premier ordre au moins fort en évidence, Bussy, jusqu'à un certain point, doit figurer parmi les *précieux ;* c'était en effet un *bel esprit* très-admiré dans les *petites sociétés.* Mme de la Roche prononce ce mot peu obligeant sans y penser probablement (2), et assurément on ne peut disconvenir de sa pointe de préciosité. Il nous suffira d'en fournir quatre ou cinq preuves, ne voulant pas nous arrêter sur ce point secondaire à nos yeux. Mlle de Colbert pâtit d'un accident causé par un cheval qui la blesse : « En l'état, écrit-il, ou la fortune a mis les choses, il n'y a qu'un cheval qui peut offenser les enfants de cette famille (3). » Une lettre de lui se croise avec une datée du même jour, de l'abbé de Choisy (4) ; il appelle cela *un coup fourré.* Sa femme devient-elle enceinte, il l'annonce à Mme de Montmorency pour lui apprendre *qu'il n'a pas été sans rien faire* (5). Profitant de ce que la petite vérole n'a pas défiguré deux de ses amies, il émet le paradoxe que cette an-

(1) A Mme de Scudéry, le 15 décembre 1672.

(2) *Ce pavé de l'ours* se rencontre dans la lettre le Mme de la Roche à Bussy, 24 avril 1669.

(3) Lettre à Mme de Montmorency, 10 août 1669.

(4) Le 28 juillet 1671.

(5) 2 mai 1669.

née-là elle embellit (1). Il déclare qu'il ne lit plus « étant devenu plus délicat (2). » Enfin il assure à Mme du Bouchet qu'il peut seul l'entretenir durant un mois *quand elle ne répondrait que oui et non*, et ajoute : « Regardez où cela irait, car je vous crois femme à faire la moitié de la dépense (3). »

Enfin encore il insinue au P. Rapin (4), relativement à sa comparaison de Cicéron et de Démosthène (5), qui l'a charmé, qu'il la préférerait *manuscrite* à *imprimée*, afin que les fins connaisseurs en eussent seuls la jouissance, ce qui est fort cherché assurément. Aussi on lui répond sur ce même ton de préciosité. Mme de Scudéry, au sujet de leur échange de correspondance, lui jette à la tête ce compliment : « Sans vous flatter, personne en France n'écrit assez bien pour vous corriger (6). » Moins d'un an après, même compliment de la même dame, et tout aussi marqué : « Ce sera l'échange de l'Indien ; je vous donnerai du fer *vous me rendrez de l'or* (7). » L'abbé Corbinelli prétend *qu'Ovide* lui-même *devrait* par reconnaissance *faire son éloge* (8). Mme Bossuet certifie que « *trois lignes* d'un homme comme

(1) En 1672 à Mme de Scudéry, le 22 janvier.
(2) Lettre au duc de Saint-Aignan, 24 août 1672.
(3) 10 novembre 1668.
(4) Lettre du 18 août 1671.
(5) Suivant le chanoine rémois Maucroix, ami de la Fontaine, Démosthène *c'est le vin de Bourgogne* et Cicéron *c'est le vin de Champagne*. Le charmant morceau où se trouve cette ingénieuse comparaison, écrite à 88 ans par l'auteur, se trouve dans les lettres *à un Père de la Compagnie de Jésus*, par l'abbé d'Olivet.
(6) 31 octobre 1670.
(7) 9 juin 1671. Et le 27 juin. « Le dernier rondeau que vous m'avez envoyé, est, n'en déplaise à Clément Marot, plus agréable qu'aucun qu'il ait fait. »
(8) Pour ce qu'il avait traduit des *Métamorphoses*. Voyez lettre de *Corbinelli,* jointe à celle de Mme de Sévigné en date du 16 mai 1672.

lui valent mieux qu'un manuscrit in-folio d'une dame de province telle qu'elle est (1). »

Bussy, qui en vint à se fâcher, pour un motif politique, avec Lenet, conseiller d'État et poète à ses heures (2), lequel doué d'esprit *comme douze* (lettre de Mme de Sévigné, 5 juin 1689) avait été son collaborateur à l'instar de Jumeaux (3) pour une lettre en vers, Bussy, disons-nous. s'est trouvé en relations délicates vis-à-vis du roi des poètes de ce temps, vis-à-vis de Boileau, et comme les circonstances de leur commerce ont été inexactement rapportées, il me semble utile d'en préciser les termes, d'autant qu'aujourd'hui il est admis qu'on peut parler de Despréaux et ne pas tout en approuver. Bussy, d'ailleurs, est de ceux qui se permettent de reprendre quelque chose aux audaces du poète classique, qui parvint à l'Académie dix-neuf ans après lui (4). Ainsi, le 5 octobre 1672, il écrit à Corbinelli : « Vous me demandez comment je ferais si j'étais l'historien du Roi, pour persuader à la postérité les merveilles de sa récente campagne : je dirais la chose uniment, et sans faire tant de façons, qui d'ordinaire sont suspectes de fausseté, ou au moins d'exagération ; et je ne ferois pas comme Despréaux qui, dans une épître qu'il adresse au Roi, *fait une fable* des actions de la campagne, parce que, dit-il, elles sont si extraordinaires, qu'elles ont déjà un grand air de fable. » Ce passage vint sans doute

(1) Mme Bossuet à Bussy, 12 avril 1672.

(2) *Mémoires sur Mme de Sévigné*, par Walckenaer, in-8, chez Didot, 1re partie, 1845, p. 112 et 114. — Lenet a laissé des *Mémoires*. — L'orgueil excessif de Bussy le mit également en froid avec le maréchal de Bellefonds. Lisez sa lettre à ce dernier d'Autun, le 5 avril 1678, et l'annotation y ajoutée par lui dans le recueil de sa correspondance.

(3) L'auteur d'*États militaires* du milieu du xviiie siècle, Jumeau de la Jaisse orthographie son nom patronymique sans x.

(4) Bussy-Rabutin fut élu en 1665 (2e fauteuil) et Boileau-Despréaux en 1684 (7e fauteuil).

aux oreilles de Boileau, lequel prit mal la chose ; cela se devine à certain fragment épistolaire de Bussy au P. Rapin (10 avril 1673) où Bussy se fâche, s'étonne de voir Boileau, fier du succès de ses *Satires impunies* (le mot *impunies* dans la bouche de Bussy forme une comparaison avec son propre sort) devenant assez fou *pour perdre le respect qu'il lui doit*, à lui qui écrit pour s'amuser et non par profession (1), et déclarant que pareille insolence le pousserait *infailliblement* à quelque violence. Le P. Rapin s'entremit sans délai, c'est évident, mais le comte de Limoges le fit également à la prière de Bussy lui-même. Le poète s'expliqua, parla même très-raisonnablement, c'est ce jeune seigneur qui l'avoue, et offrit d'envoyer un compliment à l'exilé si la lettre devait être bien reçue (2). Pareil procédé d'accommodement fut adopté ; il y eut échange de billets entre les deux futurs confrères. Deux extraits vont montrer qu'on fut convenable de part et d'autre. Boileau rejette la querelle sur ses ennemis, disant : « J'avais été inquiet du bruit que vous aviez fort maltraité mon épître. Il me peinait d'être désapprouvé par l'homme du royaume que j'estime et que j'admire *le plus,* et d'ailleurs le moyen de croire que l'homme de la cour qui a *le plus* d'esprit pût entrer dans les sentiments de l'abbé Cotin. » Bussy répond : « Votre lettre, monsieur, pleine d'honnêteté et de louanges, me rend confus. Je vous dirai seulement que je n'ai rien vu de votre façon, que je n'aie trouvé *très*-beau et *très*-naturel et, puisque l'occasion s'en présente, je vous demande la continuation du commerce qui commence entre

(1) Bussy faisait des vers, écrivait par passe-temps, comme amusement, mais il ne se prenait pas pour *un bel esprit de profession*. Sa déclaration à ce sujet est formelle : Lisez la lettre à Mme de la Roche, 4 mai 1669. En lui écrivant le 13 octobre 1669, Conrart assure Bussy de sa *vénération ;* le mot nous semble bien fort à nous égalitaires du XIXe siècle, et certes déserte les règles de l'égalité académique.

(2) Le comte de Limoges à Bussy, 26 avril 1673.

nous, et votre amitié en vous assurant de la mienne (1). »
On ne s'écrivit plus beaucoup, au moins immédiatement;
il y avait donc eu querelle. Quant à l'origine du démêlé,
Bussy avait raison, je suis obligé de le dire (2).

Ce n'est pas uniquement en s'élevant contre une exagération de l'auteur du *Lutrin,* que Bussy témoigne de son
bon sens, surtout au point de vue littéraire; il en avait
beaucoup; je le dirai même franchement, c'est le côté par
lequel il m'attire. Et de fait une si longue correspondance
que la sienne ne serait pas lisible sans cela; or elle se lit et
avec intérêt d'un bout à l'autre, presque avec autant d'intérêt que celle de Mme de Sévigné, avec laquelle elle se
trouve mêlée et offre, disons-le sans craindre qu'on nous
accuse de viser à un jeu de mot, un certain degré de pa-
renté, car ici ce sont les natures d'esprit qui se tiennent
plus encore que les liens du sang, et sous ce rapport Mme de
Sévigné reste dans le vrai en disant que c'est un plaisir
d'entendre raisonner Mme Scarron dont l'esprit est aimable
et *merveilleusement droit* (3).

Mettons en relief le bon sens de notre auteur. On peut
d'abord adopter avec lui ce précepte : « J'estime fort un
homme qui sait faire de grandes choses et qui s'amuse des
petites (4). » Répétons avec lui : « Vatel devait déjà être
fou avant qu'il sût si la marée arriverait ou n'arriverait
pas (5). » Reconnaissons également que « tous les amis ne

(1) Boileau à Bussy, 25 mai 1673 et Bussy à Despréaux, 30.

(2) Cet écrit a paru pour la première fois en octobre 1871.

(3) Mme de Sévigné à sa fille, 13 janvier 1672.

(4) Bussy à Mlle Dupré, 8 septembre 1669. Ce précepte fait songer
involontairement à la *solennité* si éloignée de la *simplicité* de Bussy, avec
laquelle Boileau et Racine s'écrivaient, songeant toujours l'un et l'autre
à *l'imprimeur et à la postérité.* Il y a encore une nuance entre cette solennité guindée, et la gracieuse et large *élégance* de Buffon, n'écrivant qu'en
manchettes.

(5) Bussy à Mme de Montmorency, 22 mars 1671. Une circonstance

sont pas toujours les confidents; quelquefois on n'en veut point (pour ce rôle), quelquefois on en veut d'autres. N'en déplaise aux gourmands, *il faisait peu de cas* (1) *de la bonne chère* (2); en revanche, il prend *plus à cœur ses plaisirs* (3) *que ses affaires* (4). Toutefois, à ce dernier sujet il opine qu'il faut sortir parfois des lieux où l'on se divertit fort et qu'un *peu d'absence* fait *grand bien* (5); en fait d'absence, lui l'exilé ne pouvait dire *qu'un peu.*

Bussy proclame avec raison: « Que le père soit honnête homme, ce n'est pas une conséquence à en tirer pour le fils: *le mérite s'acquiert* (6). » Je le crois moins quand il assure que dans la vie, le repos est le *solide* (7), du moins il ne s'applique nullement cette maxime; à son sens elle est bonne pour le jeune homme qui se fait d'*Eglise,* comme c'est le cas ici, afin de vivre heureux et à l'abri des tracas de la vie, surtout étant sans aucune fortune. Où je crois entièrement Bussy, c'est dans ce propos : « Je me divertis, je goûte la vie (pour lui c'est la première condition, nous l'avons vu il n'y a qu'un instant). J'ai l'esprit net, une raison droite et je

explique le désespoir de Vatel. On aimait alors le poisson à la cour, au point d'en *jouer* pour cent louis, d'en mourir d'indigestion, au point aussi que les princesses elles-mêmes étaient fières de savoir faire une sauce spéciale pour le manger plus délicatement.

(1) Bussy à l'abbé de Choisy, le 13 août 1671.

(2) Lettre à Mme de Sévigné, le 27 juillet 1672. C'est bien l'homme qui trouve « qu'on mange trop à Paris et qu'on n'y fait pas assez d'exercice. » Lettre à Mme de Montmorency, 25 août 1667. Bussy a dit aussi, en forme de leçon de modération, « qu'on s'habituait à maigre chère quand il le fallait, et qu'on vivait de pain bis quand on avait perdu le goût du pain blanc ». A Mme de Gouville, 26 juin 1673.

(3) C'est bien d'un grand seigneur. Ne valons-nous pas un peu mieux aujourd'hui ?

(4 et 5) Lettre de Corbinelli, 19 juin 1672.

(6) Lettre à Mme de Scudéry, le 24 août 1672.

(7) Même lettre. Il s'agit du fils de Mme de Scudéry.

suis content de ce que j'ai. J'en connais de plus misérables.»
C'est bien là notre auteur, peint par lui-même; en complé-
tant toutefois qu'il se sert de la netteté de son esprit pour se
tenir en haleine, correspondre et composer, car sans cela
l'ennui lui viendrait, malgré les divertissements, peut-être
même à cause d'eux. Et c'est lui parce qu'il possède la santé;
sans cela il serait malheureux. « Etre le maître du monde
avec la goutte ou la gravelle, s'écriait-il, non, je préfère un
état précaire ou d'épreuve, en me portant bien (1).» Au sur-
plus, s'il ne se s'abandonne pas trop au chagrin, c'est que le
chagrin *fait d'ordinaire la mauvaise santé* (2) et pour ce
motif, il faut s'en garantir, précepte digne de Cornaro et
des écrivains qui, suivant ses traces, ont traité de la prolon-
gation de la vie humaine dans de bonnes conditions.

Enfin quel sens dans ces paroles et au sujet de succès guerriers. « On n'estime la gloire qu'autant qu'elle a donné de
peine à l'acquérir (3). »

Faut-il aussi le louer de ce propos : « J'ai toujours tenu
un milieu entre l'incrédulité et la superstition ? » Certes c'est
le propos d'un sage, d'autant que Bussy articule fort bien
un milieu, c'est-à-dire un certain milieu et non le milieu
exactement, il n'y a donc chez lui aucun parti pris, d'autant
qu'en tenant pareil propos, il certifie que *son âme* mérite
de son interlocuteur (4) *aussi bonne opinion que son esprit.*
Mme de Scudéry, ne l'oublions pas, l'avait exhorté, et en
termes simples et dignes, à prier Dieu et à devenir bon chrétien (5). On ne voit pas qu'il l'ait jamais fait de la façon que
cette dame *désirait.*

Tout le monde sera encore de l'avis de Bussy, disant à

(1) Lettre à Mme de Scudéry, 29 novembre 1674.
(2)   *Id.*   11 juin 1673.
(3) Bussy au P. Rapin, 4 septembre 1672.
(4) Bussy à l'abbé de Choisy, le 22 septembre 1672.
(5) Mme de Scudéry à Bussy, 31 juillet 1670.

Mme de Scudéry, le 9 janvier 1672 : « Pourquoi, quand je suis malade, je suis fort aise d'être seul et qu'on me laisse en repos, et il n'y a que des médecins dont je crains d'être abandonné. »

Comme dernière preuve de bon sens, je dirai que, dès le début de la querelle, Bussy blâma les maréchaux qui pourtant augmentaient à ses yeux *la bonne compagnie des exilés* (1), de ne pas vouloir obéir à Turenne, comme l'exigeait Louis XIV ; il se prononce net : « Les maréchaux *ont tout à fait tort; c'est* une tache dont leur ignorance ne se saurait laver (2). » Mais l'examen circonstancié de cette question nous entraînerait trop loin.

Le bon sens de Bussy se retrouve jusque dans ses *maximes d'amour;* une citation à ce sujet suffira.

> Quand pour cacher ses amourettes,
> La dame ordonne à son amant
> De conter ailleurs des fleurettes,
> Elle raisonne faussement :
> Car, si celle à qui l'on s'adresse,
> Égale en beauté la maîtresse,
> Celle-ci beaucoup risquera.
> Si la maîtresse est la plus belle,
> Jamais personne ne croira
> Que son amant soit infidèle.

Rappelons également que c'est Bussy-Rabutin qui a dit :

(1 et 2) Bussy à Mme de Sévigné, 1er mai 1672. C'est avec cette lettre que Bussy envoie à sa cousine la traduction des épîtres de Pâris à Hélène et d'Hélène à Pâris, d'après Ovide. Courier a dit de cette traduction : « Le comte de Bussy, militaire désœuvré comme moi, traduisit les amours d'Hélène et les adressa à une femme de beaucoup d'esprit. Je ne suis pas Bussy ; mais, madame, *il est beau de vouloir l'imiter;* je l'imite fort bien en ce que je vous adresse l'éloge d'Hélène d'après Isocrate. » Lettre à Mme Constance Pipelet à la fin de la *correspondance* de Paul-Louis Courier.

> On se fait peu valoir,
> En amour ainsi qu'à la guerre,
> Quand on ne fait que son devoir ;

il lui appartenait en effet de parler, en connaisseur, de guerre et d'amour, car il avait été dans les deux camps un rude et persévérant jouteur.

Bon sens, et bon goût en littérature, se tiennent la main ; aussi Bussy possède-t-il le second comme le premier. Sans vouloir nous arrêter longtemps à ce sujet, nous remarquerons combien il a raison de critiquer ce passage du père Bouhours (1), en son *Histoire de Pierre d'Aubusson :* « Mahomet, frappant la sultane de son cimeterre, l'étendit morte à ses pieds, » et de considérer comme une expression basse le mot *étendre,* car dit-il « on n'étend pas une femme qu'on tue (2). »

C'est encore Bussy, et je relève le fait comme preuve d'un bon esprit, qui a prédit l'un des premiers, que Louis XIV s'adonnerait à la dévotion : « Je ne doute pas, écrit-il à Mme de Scudéry, le 2 novembre 1680, que le roi ne soit un jour dévot ; mais un moyen sûr pour lui faire prendre ce parti là, ce serait de lui faire voir des mourants ; rien ne fait marcher si droit que de tels spectacles. » On comprend à ces paroles que Bussy s'était converti lui-même.

On n'oubliait pas Bussy à la cour, en dépit de son absence : « En pensant à vous, lui écrit le duc de Saint-Aignan, le 18 janvier 1671, je pense *au plus honnête homme du monde ;* c'est à un *provincial* comme vous que doivent penser les courtisans. » Notre héros méritait doublement cet éloge, car il aimait avant tout la cour et, réfugié en Bourgogne,

---

(1) Lettre de Bussy à Bouhours, 20 septembre 1676. Par exemple si l'on ne dit pas « on joue du canon ; » le terme *jeu de l'artillerie* semble adopté, au moins depuis Bussy.

(2) Tout au plus s'étend-elle en tombant, et c'est ce que l'auteur a voulu dire.

c'est le séjour de cette cour qu'il regrettait le plus; on peut dire, il est vrai, qu'il était fait pour elle. Il dit nettement: « Je ne comprends pas comment on peut vivre éloigné de la cour (1). » Et ailleurs : « loin d'elle, on s'enrouille. » « Il vaut mieux, dit-il encore à Mme de Sévigné, y être mal que d'en être chassé, parce qu'on peut toujours se raccommoder (2). » « Je veux pouvoir aller à la cour, répète-t-il à Corbinelli (3), » et celui-ci lui répond (4) qu'il sait la dépeindre à merveille. Une autre fois il avoue, à ce même correspondant, que ce n'est pas principalement à la cour qu'il veut aller, mais à Paris, où des affaires l'appellent (5). Peut-être va-t-il trop loin quand il reconnaît la cour comme « *la meilleure école* qu'on puisse donner aux jeunes gens, où l'on ne saurait les envoyer trop tôt (6); » cependant il résulte de cette même lettre que c'est également l'avis de la sérieuse Mme de Scudéry. Il résulte de cet enthousiasme de notre auteur pour la cour qu'il en dit bien rarement du mal, et qu'alors même il ne faut jamais ajouter foi à ses paroles.

Sous le point de vue des mœurs la société offrait un triste milieu. On disait couramment *l'abbé va voir Philis* (7). On citait une dame qui comptait parmi ses amants, quatre évêques dont M. de Noyon était le plus apparent, tout fou qu'il fût (8). Cela rappelle le chanoine Maucroix et la marquise de Brosses à Reims, moins l'esprit toutefois. D'autres faits aussi scandaleux peuvent se citer. Un mari se raccommodait avec sa femme, cette dernière lui ayant ménagé les bonnes grâces

---

(1) Bussy à Mlle d'Armentières, 16 février 1668.

(2) Lettre du 21 avril 1670.

(3) 11 juillet 1669.

(4) 25 septembre 1669.

(5) Bussy à Corbinelli, 10 octobre 1669.

(6) Bussy à Mme de Scudéry, 24 août 1672.

(7) Mme de Scudéry à Bussy, 5 novembre 1671.

(8)   *Id.*   à   *id.*   14 avril 1672.

de sa sœur (1), toute cette honte étant arrangée à l'avance
entre ces beaux personnages (2). Le comte de Saulx se lais-
sait surprendre entre la mère et la fille (3). Et ce n'est pas
tout, mais je fais grâce du reste, même de ces trois grandes
dames qui eurent la faiblesse de s'oublier à la comédie jusqu'à faire à la fois leurs ordures dans leur loge (4). Notre
auteur ou plutôt notre grand seigneur, qui avait lui entre-
tenu, durant douze ans, une relation bien longue avec Mme de
Monglars, je dis bien longue vu ce que valait la dame, notre
exilé si l'on veut, naviguait, entre ces eaux douteuses, avec
une aisance incroyable (5), et quoique certes, il ne faille pas
prendre à la lettre tout ce qu'un esprit délié permet d'exprimer à ce sujet, on peut avancer que, sous le rapport de
la morale, il se permet beaucoup, trop peut-être pour sa
réputation ; il est vrai, qu'il ne tenait nullement à ne pas
être de son temps, de ce temps précurseur et jusqu'à un
certain point initiateur de la régence où l'on faisait tant
l'amour que l'on peut se demander ce qui restait de moments
disponibles pour les affaires sérieuses.

On possède ses placets au Roi ; il ne négligeait pas de se
rappeler de temps en temps au souvenir du monarque et a
pris soin de conserver lui-même ses sollicitations écrites.
Leur ton est celui d'un sujet repentant, très-courtisan à
coup sûr, mais sans qu'il manque en tout cela une dignité
que le mérite de l'écrivain sait toujours conserver et même
faire ressortir.

(1) Louis XV, on le sait, eut pour maîtresses les quatre sœurs ; Mme de
Chateauroux fut la dernière en date.

(2) Mme du Bouchet à Bussy, 20 septembre 1669.

(3) Mme de Montmorency à Bussy, 30 juin 1671.

(4) Voir dans la correspondance de Bussy, t. III, p. 456, deux billets
sans date, savoir Mme de Montmorency à Bussy, puis réponse de Bussy.

(5) Comme le lieutenant-général, marquis de Valfons fera au
XVIIIe siècle ; ce seigneur a laissé des *Souvenirs* assez curieux, dont un
volume, publié par son petit neveu, depuis député, a paru en 1860,
chez Dentu, à Paris.

L'idée générale est qu'il ne sollicite pas pour son intérêt particulier, mais afin de reprendre du service et d'offrir sa vie au Roi certain que, si sa Majesté le connaissait mieux, elle aurait pour lui de la bonté et de l'estime (1). S'il réitère ses demandes, c'est que Louis XIV va souvent à la guerre (2). « Je n'ai confiance qu'en vous, sire, dit-il encore, finissez ma disgrâce, mes malheurs m'ont rendu plus sage, ayez égard à ma soumission (3). » Dans ses placets Bussy témoigne du *respect extraordinaire* qu'il a pour sa Majesté, et de *sa crainte de lui déplaire.* Il déclare aimer le roi plus *que sa vie,* et demande à Dieu de l'abîmer *s'il ment.* Il s'y reconnaît coupable: « J'ai failli, confesse-t-il (4), j'avoue franchement les fautes que j'ai faites, *je n'essaye pas de paraître moins coupable.* » Le passé ne pouvant plus changer, après six ans de châtiments, il « demande pardon au Roi avec toute la soumission et tout le repentir imaginable (5). » Mais en même temps il se déclare le plus vieil officier de l'armée et presque celui qui a le mieux servi.

Ailleurs on rencontre une phrase admirable, suivant moi, de sentiments et d'adresse : « Oui, sire, j'ai toujours cru que votre majesté à *qui rien n'est caché,* avait bien su que je l'avois aimée de tout mon cœur et que je l'admirois; mais que *blâmant ma conduite elle avait mieux aimé satisfaire à sa justice qu'à quelque espèce de reconnaissance* qu'elle me devoit (6). » Puis quand il obtient de venir à Paris avec un ou deux répits, comme il témoigne au monarque de sa reconnaissance, tenant à cœur cette marque royale d'un *radoucissement* en sa faveur (7) et espérant que le souve-

---

(1) Placet du 27 avril 1667.

(2) *Id.*   du 6 avril 1668.

(3) *Id.*   du 18 janvier 1669, 27 août 1670, 13 mars 1671.

(4 et 5) Lettre au Roi du 8 décembre 1671.

(6)   *Id.*   du 10 juillet 1673.

(7) Lettre du 22 septembre 1673.

rain finira ses malheurs « avec l'applaudissement de tous les gens raisonnables qui n'étaient pas contents de lui (1). »

L'année suivante, il redemande du service, disant à Louis XIV : « Votre majesté est l'image de Dieu et se laissera fléchir. Elle m'accordera la grâce de pouvoir le suivre à cette campagne, croyant que jamais homme qui a eu le malheur de déplaire à son maître, ne s'est fait tant de justice sur les châtiments qu'il a reçus (2). » Il demande encore à servir après Senef, fût-ce à la tête de l'arrière ban, mais le roi le trouve trop élevé, par son rang et ses services passés, pour cette dernière demande et refuse encore (3). Trois mois plus tard, en sollicitant du monarque l'abbaye de la Bénisson-Dieu pour sa fille, Bussy parle de lui suivant son habitude : « J'ai cru que votre Majesté ayant eu des égards pour mes services dans le temps qu'elle châtioit ma mauvaise conduite, elle n'en aurait pas moins en cette occasion, où il s'agit de l'intérêt d'une fille de qualité et j'ose le dire de mérite (4). »

Les parents, les amis de Bussy s'intéressaient à ses placets au Roi. L'une lui écrit : « mandez-moi si l'on peut compter sur vous cet hiver ; dites-moi la vérité sans craindre que cela me rebute (5). » L'autre, c'est Mme de Sévigné (6), lui

(1) Lettre du 22 septembre 1673.

(2) Lettre du 5 avril 1674.

(3) Je comprends moins qu'il réclame pour ses terres la remise de cent écus, redevance levée sur les fiefs, qui ne marchaient pas à l'arrière ban ; mais alors la noblesse considérait comme une distinction qui lui était due de ne payer aucun impôt. Lisez sa lettre au Roi, de Chaseu, le 22 mars 1675.

(4) Lettre du 16 juin 1675. Le 20 novembre de cette année, et en 1676, il sollicite encore du service. Le 30 mars 1677, il demande, *pour lui*, au roi, l'abbaye de Saint-Denis. Consultez encore les lettres de Bussy au roi, 7 septembre 1678, 22 septembre et 21 décembre 1679, 21 janvier et 5 juin 1681, 20 janvier 1682, 3 et 15 octobre 1691.

(5) Mme de Montmorency à Bussy, 10 décembre 1668.

(6) Le 9 juin 1669.

dit : « N'avez-vous point écrit au Roi au commencement de cette guerre ? Ne me supprimez pas le plaisir de voir ce que vous lui mandez. » Et en effet Bussy ne manque pas de lui communiquer ses missives, ses supplications à Sa Majesté (1). Ce à quoi elle répond bientôt : « Une marque que le roi n'est pas fatigué de vos lettres, c'est qu'il les lit ; il ne se contraindroit pas (2). » Une troisième le questionne : « Que font vos amis pour vos intérêts ? ne travaillent-ils pas ? Pour moi, j'avoue que je ne puis pas souffrir les gens qui demeurent les bras croisés, quand ils ont un ami dans la disgrâce. » Évidemment, cette dernière est l'empressée, la fougueuse Mme de Scudéry (3) qui émet toujours l'avis qu'à la cour il faut s'aider (4), Sa Majesté ne pouvant songer à tout le mérite que possède l'un de ses sujets (5). Enfin une dernière correspondance le pique au vif « aller à l'armée lui signifie-t-elle, ce n'est plus fait pour un homme comme vous (6). » Il n'avait pas besoin de ce coup d'éperon car c'est un homme qui ne s'abandonna jamais, et qui contribua lui-même, plus que tout autre, à la fin de sa disgrâce. Rendons-lui également cette justice que jamais les prospérités de la France obtenues en son absence, ne vinrent plus à propos relever et réjouir son cœur de bon français (7).

Les personnes qui remettaient au Roi les placets de supplications de Bussy étaient Mme de Thianges, MM. de Saint-Aignan et de Noailles tour à tour ; cela résulte des épitres qu'il écrit, à chacun de ses correspondants, et aussi d'un aveu qu'il en fait par lettre du 1er mars 1672, à Mme de Scu-

---

(1) Bussy à Mme de Sévigné, le 24 mai 1671.

(2) Mme de Sévigné à Bussy, 16 mai 1672.

(3) Lettre du 4 juillet 1670.

(4) 20 novembre 1670.

(5) Triste révélation si un prince ne parvient pas à connaître par lui-même quelques-unes des sommités de ses armées.

(6) Mme de Rabutin à Bussy, 14 août 1674.

(7) Bussy à Tavannes, 14 décembre 1672.

déry en lui *demandant le secret et pour tout le monde sans en excepter un seul* (1). On remettait lesdits placets sans explication, le Roi connaissant assez le solliciteur.

Ce dernier attendait l'occasion, on peut même dire qu'il la guettait, ne s'endormant jamais à ce point de vue qu'en apparence.

Sans doute une fois frappé, relégué en exil, Bussy s'était replié sur lui-même, avait réfléchi. On le voit aussitôt, presque cesser d'être caustique, et en tout cas rebondir souple, délié, rompu. Quelle constatation des mœurs de la cour, quelle critique, si l'on veut, que cet homme, habile certes, qui reconnait et met en pratique l'obsession, la seule obsession pour la vaincre, et en avait raison.

Il commence par ne négliger personne, se rappelant à l'un, flattant l'autre, espérant que ses lettres seront montrées et qu'il en rejaillira quelque chose, comme bonne opinion, en sa faveur. En cela, exprime-t-il toujours sa pensée vraie, ne se farde-t-il jamais ? Ce serait une illusion de croire à une transformation complète, mais il se crée un rôle et le soutient à merveille, avec une constance que l'on peut qualifier d'admirable. Suivons-le dans cette route, où ce causeur parfait, méritera parfois nos louanges pour son adresse et nous intéressera toujours.

Laissons de côté Mlle de Montpensier avec laquelle Bussy se trouvait en correspondance depuis longtemps et qui continuait à lui témoigner de l'amitié, mais il écrit, disons le mot, il flatte le chancelier Le Tellier, Montausier, Mme Scarron, Turenne même qu'il n'aimait pas, Mme de Montespan, Monsieur, c'est-à-dire le duc d'Orléans, Colbert, Pomponne, Mme de Thianges, même Mme Dufresnoy, et le P. Lachaise.

(1) De même au premier président de Dijon, le 8 avril 1674 : « Je vous envoie la lettre que je viens d'écrire au Roi, ne dites rien, s'il vous plaît de tout ceci à personne ; il n'y a point d'affaire divulguée qui réussisse, mais surtout les affaires des malheureux. »

3.

Au chancelier Séguier il écrit, le 30 janvier 1667 : « Il n'a pas encore plu au Roi de me permettre de retourner à Paris. Cependant, Monseigneur, trouvez bon que je demande deux choses : la continuation de vos bonnes grâces et votre portrait que je veux mettre dans une galerie que je fais d'hommes illustres. » Certes voilà une galerie qui accuse de hautes visées et devient utile à point nommé ; dire cependant qu'on a osé la reprocher à son inventeur.

De Le Tellier il réclame sa protection, afin que le Roi « ne l'abandonne pas à la chicane de quelques misérables qui se prévalent de ses malheurs et de son absence (1). » Il s'agissait d'un procès pour lequel il sollicitait de venir à Paris.

Montausier lui ayant rendu un service, il lui en témoigne sa reconnaissance et déclare que nul n'a plus de pouvoir sur lui (2).

Il fait à Mme Scarron, qui les accepte, ses compliments, et en obtient cette réponse par Mme de Sévigné (3) « quelle ne trouvera jamais d'occasion de le servir qu'elle ne le fasse. »

De Turenne, il aurait écrit à Mlle d'Armentières, le 12 novembre 1668, si nous en croyons sa correspondance « Sa conversion lui fait d'autant plus d'honneur et à l'église, qu'elle ne peut-être soupçonnée d'aucun intérêt humain ; la vérité de notre religion en a toute la gloire ; j'étais toujours fâché d'être obligé de croire qu'un si grand homme en ce monde devint un diable dans l'autre ; » mais on a prétendu ce passage dénaturé, et de fait notre auteur traite plus cavalièrement ladite conversion dans ses mémoires.

Quant à Mme de Montespan, il invoque l'honneur *d'être dans son alliance* et sa *générosité* pour la supplier de de-

(1) Lettre du 18 novembre 1667. Il dit même, le 21 janvier 1671 : « Les compliments des exilés ressemblent à des importunités. »
(2) Lettre du 8 octobre 1668.
(3) Mme de Sévigné à Bussy, 15 décembre 1673.

mander au roi d'avoir pitié de lui, puis l'assure de sa reconnaissance par ce motif qu'aucune des calomnies débitées contre lui, par ses ennemis, ne l'ont accusé d'être ingrat (1).

Il attaque Monsieur, par son confesseur, le P. Zoccoli, lui témoignant combien il désire que le roi et son frère soient toujours contents l'un de l'autre, ce qui, l'histoire en garde trace, n'avait pas toujours eu lieu, et déclare que le prince possède *autant de raison que de naissance*. A la fin de la lettre il glisse qu'il attend « avec impatience ce qu'il plaira au roi de faire de lui (2). »

Vis à vis de Colbert il s'en tient à des félicitations concernant des événements de famille.

Il complimente Pomponne sur les missions importantes qui lui sont confiées : une autre fois il lui demande son appui et de présenter un de ses placets au roi.

A la marquise de Thianges il se plaint qu'elle le traite moins favorablement que par le passé, et pourtant il n'a point d'amie qu'il aime tant (3).

La lettre que Bussy écrivit à Dufresnoy, le 29 mars 1673 a dû lui coûter, quoiqu'aux ambitieux tout moyen utile paraisse bon. On sait qu'il s'agit du premier commis de Louvois, dont la femme était maîtresse du tout puissant ministre (4). Voici ce billet « j'ai appris avec une grande joie la

(1) Lettre du 1er août 1669. Le 21 janvier 1671, il félicite Mme de Montespan du mariage de sa sœur avec le duc de Nevers.

(2) Bussy au P. Zoccoli, 19 mars 1670. Au nom du prince le confesseur répondit favorablement à la date du 6 avril.

(3) Bussy à Mme de Thianges, 27 août 1670.

(4) La reine, ou plutôt le roi lui-même, l'avait créé dame du lit de la reine, pour prendre rang après la dame d'atour ; vu la naissance de Mme Dufresnoy, cela fit clabauder, et Ninon la compara au cheval de Caligula, devenu consul par la toute-puissance de son maître, comparaison qui rappelle que la jolie épicurienne admettait la puissance en amour, mais non la probité. *Lettres au marquis de Sévigné*, in-12, Amsterdam, chez Joly, 1750, lettre XXI. Si ces lettres sont supposées, elles

grâce que la reine a faite à Mme Dufresnoy ; si j'avais l'honneur d'être connu d'elle plus particulièrement que je n'ai, je lui ferois mes compliments, mais celui-ci servira pour vous deux, s'il vous plaît, et je vous assure de plus qu'il ne vous arrivera jamais rien à quoi je ne m'intéresse extrêmement parce que je suis tout à vous. »

Pour le père Lachaise, devinez à qui l'adroit Bussy en adresse l'éloge, et cela dès février 1675 ? A son propre ami le duc de Saint-Aignan. Et il prend un soin infini de le déclarer gentilhomme de mérite, de savoir et de grande vertu, puis décoche un mot aimable pour l'ordre *si utile au public* des Jésuites. A coup sûr c'est se préparer de loin un refuge, et sans être marin, deviner parfaitement d'où viendra le vent : agir ainsi voilà ce qui s'appelle se dévoiler maître ou je ne m'y connais pas.

Bussy ménage, emploie, prodigue tous ses moyens de séduction vis-à-vis du Roi ; à l'égard de l'omnipotent monarque c'est un éloge, disons mieux, une admiration sans bornes. Assurément la louange pour notre héros ressemble à la calomnie ; semez-en, il en reste toujours quelque chose, ce quelque chose se répète, fermente, et finalement profite à celui qui a su faire à propos la semaille.

Nous essaierons de présenter un résumé chronologique des éloges décernées par Bussy à Louis XIV. « J'aime le Roi de tout mon cœur non pas pour le bien qu'il m'a fait, mais parce qu'il est aimable, qu'il fait du bien aux honnêtes gens, quand il les connait, et qu'il en a fait à mes meilleurs amis (3 mars 1667) (1). Je prends intérêt à la gloire d'un maître qui n'a pu rebuter mon amitié *par tous les maux qu'il m'a faits* (25 juin 1667). Quand je vois le plus grand

rentrent assez dans l'esprit de la pécheresse à laquelle le libraire les attribue.

(1) Chacune de ces dates sera la date d'une lettre écrite par Bussy ; le lecteur pourra donc vérifier mes citations.

prince entrer dans les tranchées, je suis réduit au désespoir d'être forcé à demeurer dans ma maison. Aujourd'hui que le roi s'en mêle et qu'il *se met à tous les jours,* à peine saura-t-on par la mort d'un gentilhomme, qu'il aura fait une belle action (9 juillet 1667). Quand je vois le roi ne pas se contenter de sa fortune et s'exposer aux périls *comme un aventurier* pour chercher de la gloire, ne puis-je pas assurer que *c'est un héros* (26 août 1667). J'ai toujours dans le cœur un zèle ardent pour la personne de Sa Majesté, zèle qui résiste à la prison, à la destitution de charge et à l'exil (9 décembre 1667). J'aime toujours le Roi quoiqu'il me fasse, car je suis persuadé que s'il me connaissoit, il me traiteroit mieux et j'espère qu'il me connaîtra un jour (11 janvier 1668). Je ne saurois me lasser d'admirer le génie du roi. Quand il est dans les plaisirs, on dirait qu'il est né pour cela (1). Quand il s'adonne aux affaires, c'est une application incroyable. Quand il est à l'armée, il n'y a que pour lui (20 janvier 1668). En s'exposant *comme un soldat de fortune* (2) le roi vient de conquérir en trois semaines une grande province (16 février 1668). » Cette fois le roi venait de lui faire dire, par M. de Noailles, qu'il ne le rappellerait pas pour cette campagne, mais qu'il se *donnât encore patience;* ce mot bienveillant valait bien un éloge. Et à Mme de Thianges, (le 5 mars 1668). « Si je me laissois aller, Madame, je ne finirois pas de sitôt sur le chapitre des louanges du roi; car en outre le plaisir que j'ai d'en parler, je sais combien je vous fais ma cour. » « La fête de Versailles a dû être admirale, je me fie à qui la donnait; *il est en paix* aussi merveilleux qu'en guerre (29 juillet 1668). La guerre m'afflige toujours; heureuse pour le roi, j'enrage de n'y avoir point de part; quand elle a de méchants succès, ma tendresse pour le roi me fait souffrir et le plaindre (20 novembre 1669) ; si la fortune con-

(1) Remarquez ces phrases courtes et nettes.
(2) Lisez encore Bussy au comte de Grammont, 29 juin 1673.

tinue d'en user ainsi avec le roi, elle perdra la réputation d'être aveugle, car personne n'a jamais plus mérité d'être heureux que notre Souverain (17 octobre 1670). » C'est, je crois, une louange délicatement tournée ; on comprend que si elle parvenait au monarque, il a dû finir par y être sensible. Et celle-ci, malgré son ton mélancolique « Le maître auquel nous avons à faire n'est pas toujours rude ; *quoi qu'il fasse,* je l'aime bien. » (26 novembre 1670). Il est impossible de plus se livrer.

Nous pourrions continuer ainsi longtemps. Quelques variantes, dans la formule de l'éloge, seront curieuses et donneront du piquant à la variété inévitable d'une série d'extraits.

Bussy prend soin de montrer son intérêt pour la santé du Roi : « Je souhaite, exprime-t-il au duc de Choiseul, le 5 août 1670, que le roi n'ait pas besoin de prendre les eaux et que Dieu lui donne longue et heureuse vie (1). » Et si, trois mois plus tard, la fièvre du dauphin le fâche, c'est à cause du chagrin que le monarque en reçoit ; il prend part en effet à tout ce qui touche ce dernier, mais ici il ajoute avec sens : « Sa grande fortune me fait peur par la raison que souvent ce qui est violent ne dure pas (2). »

Néanmoins l'enthousiasme finit aussi par l'emporter chez lui, tant cela devient pour Louis XIV un concert universel. « Il sera enfin maître d'une grande partie du monde, s'écrie-t-il (3). » Puis « ses victoires sont admirables. Le seul inconvénient qui s'y trouve, c'est qu'il met la gloire bien haut, lui seul peut y atteindre (4). » Et ce passage ? « s'il n'étoit

(1) Et ailleurs : «Dieu garde de mal le Roi, Monsieur et la Maison royale. » Bussy au comte de Limoges, 29 juin 1673.

(2) Bussy à Mme de Montmorency, 2 novembre 1670.

(3) *Id.* *Id.* 18 novembre 1670.

(4) Bussy à Mlle Dupré, 22 juillet 1672. Le 22 mars précédent, il écrivait à cette correspondante : « Je ne me croyais pas digne des rigueurs du Roi.

content de sa gloire il serait insatiable; *il en a de quoi faire quatre héros* (1). Aussi celui-ci. « Il n'y a jamais eu que notre maître que la bonne fortune de tant d'années ait laissé honnête homme (2). »

Notre auteur s'incline toujours devant le monarque, il le déclare juste, il se prétend reconnaissant même des châtiments qu'il en a reçus (3), il promet de l'adorer toute sa vie, même s'il fait durer sa disgrâce (4). On peut dire de lui qu'il possède la religion du Roi, du moins toutes les apparences indiquent ce fait. « Le Roi qui fait les lois, avance-t-il, peut dispenser du rang entre les lieutenants généraux (5). » « Si le roi n'a pas reçu mes offres de service c'est qu'il sait mieux ce *qu'il me faut que moi-même* (6). » « Le Roi aime à faire des grâces de son chef; il faut donc se contenter de me faire quelquefois nommer devant lui, *il saura bien là dessus ce qu'il aura à faire* (7). » Et de loin, dans la coulisse, notre héros dirige à merveille les fils quelque peu dissimulés de ce programme habile. Quand par exemple il écrit ceci : *Déplaire et avoir tort, c'est la même chose* (8), il espère bien qu'on le dira en bon lieu. Il espère aussi qu'on répétera un peu ceci « Comme le roi ne s'attend pas à ses généraux d'armée pour faire des conquêtes, il ne s'attendra pas à ses historiens pour les écrire; personne ne peut si bien dire ce

(1) Bussy à Mme de Sévigné, 22 juillet 1672.
(2) Bussy au comte de Limoges, 10 juin 1673.
(3) Bussy au duc de Noailles, 1er juillet 1673.
(4) Bussy au duc de Saint-Aignan, 19 janvier 1675.
(5) Bussy à Mme de Montmorency, 17 juillet 1668. Ce rang était celui de la date de leur nomination et semblait devoir ensuite les classer comme maréchaux.
(6) Bussy à Corbinelli, 11 juillet 1669.
(7) Bussy à Mme de Scudéry, 7 juillet 1670.
(8) Bussy à Marigny, 18 mars 1672.

qu'il fait que lui (1). On savait que Bussy composait ses *mémoires;* ce pouvait être un travail important pour le règne, car on ignorait s'il n'y entrerait pas dans de longs et circonstanciés détails. L'auteur avait l'intention de les montrer au roi, acte d'une louable prudence mais seulement « quand il serait à la cour, point auparavant, à moins qu'on ne vint les lui entendre lire à Bussy ou à Chaseu (2). » Les amitiés ardentes le poussent dans cette voie, « c'est une grande perte que vous n'acheviez pas l'histoire du roi, lui signifie Mlle Dupré le 2 juillet 1671, ce serait un chef d'œuvre qui éterniseroit sa gloire et la vôtre. » On ne pouvait s'exprimer plus sensément. Mais au bout d'un certain temps il semble avoir changé d'avis, et répond au duc de Saint-Aignan, il est vrai, avec l'espoir que ce serait redit : « Le Roi n'a que faire de moi, ni de personne, pour faire son histoire ; lui seul, comme César est capable de faire dignement ses commentaires (3). » Cette fois Bussy se met, pour la louange, au niveau de Boileau. Je croirais assez que le projet de *montrer* ses mémoires au monarque était *un moyen* dont il se réservait d'user si cela devenait nécessaire, car, même vis-à-vis de Louis XIV, c'est Bussy qui demeure le plus fin, la postérité ne doit pas s'y tromper, parce qu'il a fallu du temps pour réussir. Quant au roi, il a été dans cette lutte courtoise, le plus entêté, ayant sans doute ses motifs; malheureusement nous ne possédons pas de lui, comme de son sujet, j'allais dire de sa victime, une volumineuse correspondance où l'historien et le critique puissent saisir, deviner quelque indice révélateur qui cadrerait assurément avec le caractère bien connu et peu changeant que les relations des contemporains ont fait connaître.

(1) Voir dans le supplément à ses mémoires : Réflexions sur une lettre à la reine, relative au passage du Rhin.

(2) Bussy à Mme de Scudéry, 8 novembre 1670.

(3) Du 24 août 1672, la veille de la Saint-Louis.

La communication au roi eut lieu en effet. Laissons la parole à Bussy, car sa lettre à Mme de Sévigné sur ce sujet, laquelle appartient aux derniers jours de l'année 1680, le dépeindra au vif. « Vous ne savez pas, madame, que je vais associer le roi à notre commerce épistolaire, *le roi ne vous déplaise.* Vous avez su que je lui avois envoyé un manuscrit au mois de juin dernier. Il y a pris tel goût qu'il l'a gardé et m'en a fait demander un autre. Celui donc que je vais lui envoyer, à ce jour de l'an prochain, est depuis 1673 jusqu'à la fin de 1675, qui sont les trois ans de votre vie où vous m'avez le plus et le mieux écrit. *Comme il a bien de l'esprit,* il sera charmé de vos lettres. Il en verra aussi quelques-unes de Mme de Grignan qui ne lui déplairont pas. Je vous montrerai cela ce printemps que j'irai à Paris, et je vous étonnerai quand je vous ferai voir que *tout exilé que je suis,* je parle aussi hardiment au roi que si j'étais son favori. Adieu ma chère cousine, je vous demande le secret (1). » Les lettres de Mme de Sévigné ont pu plaire à Louis XIV dont l'esprit était habitué aux belles lettres et à la noblesse du style, mais il a beau redemander à notre auteur la suite de ces manuscrits (2) et lui faire connaître qu'il sera aise de le voir continuer la rédaction de ses mémoires (3), Bussy se fait illusion, ses propres lettres parurent trop mordantes (4) au souverain qui ne vit pas qu'il s'amendât et continua à le considérer comme trop

(1) La lettre du 17 janvier 1681 répète en partie ce que Bussy dit ici à la date du 28 décembre 1680.

(2) « *Chose* me vient de faire demander la suite de mes mémoires. » Quelle désignation prosaïque pour le grand Roi ! Et dire que Mme de Sévigné y recourt elle-même. Voyez Bussy à Mme de Sévigné, 6 mai 1681 ; et Mme de Sévigné à Bussy, 26 mai de la même année.

(3) Le duc de Saint-Aignan à Bussy, 29 juin 1681.

(4) Bussy resta souvent imprudent la plume en main ; je doute par exemple que le Roi eut été satisfait de le voir exprimer à Mme de Sévigné, 12 avril 1681, qu'il *sauvait* les demoiselles en les *aimant.*

caustique pour vivre au milieu de sa cour où il voulait que l'on conservât la politesse et la convenance de ne pas tout dévoiler (1).

Il nous reste à signaler ce que notre exilé appelle *sa* résignation. Comme je ne veux pas contribuer à hausser le ton de sa comédie à ce sujet, je dirai que ce n'en était pas une. Quand il écrit, le 11 avril 1673, au P. Rapin : « J'ai demandé au roi permission d'aller cette campagne à l'armée, ou du moins celle d'aller solliciter des affaires de conséquence que j'ai à Paris. J'attends la réponse de Sa Majesté, avec la même indifférence dont j'ai reçu jusqu'ici toutes les autres. » Eh bien, non, c'était inexact ; il n'y avait chez lui nulle indifférence, la preuve c'est qu'il laisse le 30 mai suivant, dans un pli adressé à Mme de Scudéry, échapper cet aveu : « L'incertitude de mon sort me fait de la peine. » Je parlerai donc de la *résignation* de Bussy, parce qu'il met en avant ce sentiment presque à chaque instant, mais en prenant ce sentiment, sinon en sens inverse, tout au moins comme un témoignage de l'amertume de ses regrets d'être absent, toujours absent de la cour, blessure que son cœur conserva, et saignante, aussi longtemps qu'il fut en exil, en d'autres termes pendant dix-sept longues années.

Dans toutes ses aspirations à reprendre du service, chaque fois qu'une guerre éclate, Bussy accuse néanmoins une *forte grande résignation aux volontés du Roi* (2). Il confesse aussi ne vouloir servir à nouveau qu'avec *un grand emploi et de quoi le soutenir* (3) et aussi pour plus d'une

(1) Le président Brulart avait averti sous ce rapport Bussy, lui disant : « Vous n'avez pas assez craint de fâcher le monde. » Lettre du 25 janvier 1681. Voyez la réponse de Bussy, 10 février 1681. Le président riposta le 22 février : « Le temps présent n'est *jamais* propre pour toutes les vérités. »

(2) Lettre à Mme de Fiesque, 5 mai 1667.

(3) A Mme de Sévigné, 23 mai 1667. Voyez aussi à Mme de Scudéry, 17 juin 1674.

campagne, « sinon cela ne vaut pas la peine de le faire sortir de chez lui. » C'est à la fois une restriction et une annonce pour indiquer ce qu'il désire; mais quand on lui demande *votre exil finit-il bientôt* (1), il répond comme ce malade que ses amis empressés veulent persuader trop tôt de sa guérison : « Il est impossible à un exilé de savoir le temps qu'il sortira d'affaire (2). »

Quel cri vrai de son cœur ! Alors que se prétendant plus heureux en exil qu'à la cour, il termine ainsi : « l'ambition et surtout l'ambition malheureuse, ne laisse à l'âme aucun autre sentiment (3). » Ce mot, c'est lui tout entier, de sa vingtième à sa soixante-quinzième et dernière année, pas un jour de moins.

Et quel tableau encore tracé de sa main, le 22 janvier 1669, à la charmante Mme de Sévigné : « Je dois vous ôter l'espérance que l'histoire me traite un jour mieux que la fortune, car ceux qui l'écrivent sont pensionnaires de la cour, elle se compose sur les mémoires des ministres, elle ne dira pas de moi des vérités qui, après les maux qu'ils m'ont faits, les feraient accuser d'injustice. » C'est au mieux. Heureusement pour sa mémoire, et celle de tant d'autres maltraités de leur vivant, grâce à la poursuite méchante de quelques envieux, l'histoire officielle n'est pas la seule que l'on écrive.

Comme ce pauvre cœur d'exilé, quoique exempt de superstition (4), subit d'angoisses, se trouve balloté par le moindre vent d'espérance ! Ecoutons-le : « Je ne sais que croire de mon retour, au moins à cette heure. Si je fais réflexion à mes fautes, je devrois être rappelé demain, si je songe

---

(1) A Mme de Sévigné, 19 mars 1672.

(2) A Mme de Montmorency, 22 décembre 1668.

(3) *Id.*   *Id.*   12 février 1669.

(4) *Mémoires de Roger de Rabutin*, comte de Bussy, in-12, Paris, 1667, chez Anisson, t. I, p. 153.

combien je suis malheureux , ce ne devrait pas être sitôt (1). » Et quand il écrit cela, il est plein de santé et de gaieté ; cela prouve bien que la gaieté elle-même n'est souvent qu'un effet physique, elle ne concorde pas toujours avec la situation réelle du cœur, autrement dit : le corps et l'âme ne marchent pas toujours du même pas, témoin encore cette enveloppe terrestre qui recule instinctivement devant un effroyable danger, au milieu duquel l'âme, impassible et persévérante, veut la plonger.

Bussy éprouve de la quiétude, voilà à peu près sa seule satisfaction : « Enfin, je vis dans un repos que je n'ai jamais trouvé à la guerre, ni à la cour. » C'est à Corbinelli qu'il écrit cela le 11 juillet 1669. A Mme de Sévigné il avoue mieux : « Il ne vous faut que de la patience, lui dit-il (il s'agit d'attendre un héritage) ; pour moi, je la compte pour rien dont bien me prend (2). » Pauvre patience, il en joue sur tous les tons, mais, à son sens, le ton est toujours un peu faux, et s'il cherche à en rire, il rit jaune comme l'on dit vulgairement (3) et de fait, il lui arrive souvent d'être trompé dans son espoir (4). C'est alors qu'il cherche à se tromper lui-même et prétend qu'il est demeuré sans chagrin (5) : je préfère lui entendre dire : « J'espère avec de « la santé vivre assez pour voir finir mes malheurs ; ou bien : « Dieu me veut remplacer en une longue vie ce qu'il m'ôte « de fortune (6). »

Après avoir espéré, il retombe dans le marasme, et lance

(1) Bussy à Mme de Sévigné, 11 septembre 1669.
(2) *Id.*   *Id.*   3 avril 1670.
(3) Voyez ses lettres à Mme de la Roche, 12 novembre 1669 ; à Mme de Sévigné, 21 avril 1670 ; à Madame du Bouchet, 8 avril 1670.
(4) A dom Côme, 19 janvier 1670.
(5) A Mlle Dupré, 10 mars 1670.
(6) Au comte de Choiseul, 9 juin 1670, et à Mme de Sévigné, 23 décembre 1670.

une boutade : « Serais-je le seul pour qui le roi aurait de la dureté (1)? » ou bien il se fait tiède : « En mon pays, quelque mérite, joint à de grands malheurs, m'attirent l'attention de tout le monde. *Cela consolera peu les misérables :* cependant je fais des pas pour mon retour, *sans empressement* (2). » Ici lisons entre les lignes, et comprenons que pour lui c'est toujours la grande affaire, réussir à se faire rappeler, peut-être avec une nuance; ce qui aggravait pour lui la situation exiguë et triste de l'exil, était de se *savoir dans la disgrâce du roi* (3), et certes alors le seigneur disgracié, qu'était-il? Rien, absolument rien ! « Les disgrâces honoraient autrefois les disgraciés, écrit-il à Marigny, le 18 mars 1675 ; elles *les convainquent aujourd'hui de les mériter* ». Et il était dans le vrai, relativement au courant d'idées qui circulait autour de cette grande figure, de cette personnalité tant adulée de Louis XIV. C'est bien pour cela qu'il s'affligeait encore, quoi qu'il en dise (4), quoiqu'il prétendit que « la cour ne perdait rien en lui et qu'il ne perdait pas trop en elle (5). »

Il existe un mot amer de notre héros. Un jour il rencontre à Sainte-Reine le roi de Pologne qui prend les eaux (6), et lui demande pourquoi son exil durait si longtemps : « Votre Majesté, répondit-il, ne se souvient-elle plus comment elle faisoit quand elle était sur le trône? Ces choses-là qui sont bien importantes pour nous, sont des bagatelles pour vous. » Le monarque en convint et termina l'entretien par une banalité peu consolante : *tout le monde est ainsi.*

(1) A Mme de Montmorency, 15 décembre 1670.

(2) A Mme de Scudéry, 10 décembre 1670.

(3) Au comte d'Estrées, 18 octobre 1670. Le mot *tout finit, même les disgrâces,* lettre au P. Rapin, 24 août 1672, s'entend en général et non de la *disgrâce du roi.*

(4) A Mme de Sévigné, le 23 décembre 1670.

(5) A Mme de Scudéry, 18 octobre 1671.

(6) Lettre à Corbinelli, 31 août 1672.

Le pauvre exilé en vient à se forger des imaginations. S'il se trouve tranquille, quoique ne recevant pas de réponse à une de ses lettres au roi, c'est que la réponse ne sera pas favorable, parce que Dieu qui le soutient ne lui donneroit pas tant de force inutilement (1). Le 14 janvier 1675 il écrit dans ce sens au P. Rapin : « J'espère que Dieu m'assistera jusqu'au bout en continuant de me donner la fermeté que j'ai dans une mauvaise fortune ou en la rendant meilleure. » Puis quatorze jours après : « Ma situation est une grande disgrâce à l'égard du monde : je me flatte quelquefois en croyant que ça n'en est pas une à l'égard de Dieu. » Tel il se montrait dans ses moments d'abattement. Mais dès que le clairon sonnait, l'espoir revenait avec le désir de paraître publiquement, et alors de très-bon aloi. « Je ne puis m'empêcher de témoigner au roi l'envie que j'ai de le suivre, écrit-il le 13 mars 1671 à Mme de Thianges » ou à l'abbé Choisy, le 2 septembre suivant : « Il y a longtemps qu'on parle guerre... Je vous assure, sans faire le fanfaron, qu'il m'ennuie de n'y point aller. » Ces regrets se justifient d'eux-mêmes, car Bussy était un homme de guerre et il aimait la réputation, quoi qu'il crut avoir assez *paré* la sienne (2), il l'aimait au moins autant que le roi, qui pouvait seul lui fournir une nouvelle occasion d'en acquérir un surcroit.

Bussy ne pourrait prétendre, s'il revenait au monde, que son exil lui ait été inutile. Comme Machiavel, qui, malheureux et pauvre, avait profité de la vie privée pour composer ces grands écrits qui lui ont valu un renom immortel, Bussy a pu grandir sa figure, non seulement par ce com-

---

(1) A Mme de Scudéry, 23 décembre 1674, il avait déjà dit, le 29 avril précédent à Mme de la Roche : « Le succès de mes démarches me devient indifférent, Dieu y donnera tel succès qu'il lui plaira, je le recevrai en chrétien et en homme ferme. » Mais ce dire indifférent, comme dans sa lettre du 12 août 1680, c'est de sa part un masque.

(2) Bussy à Mme de Sévigné, 4 juin 1687.

merce de lettres étendu et remarquable, lequel tient une place honorable dans les sources historiques relatives au XVIIᵉ siècle, mais il a pu mieux arrêter lui-même à son idée les traits de sa propre figure, se faire un peu valoir, se défendre surtout beaucoup. Pour celui qui pense parfois à la postérité et, malgré une certaine simplicité, il appartenait à cette catégorie, c'est assurément un appoint : exploitée comme il a su le faire, c'est-à-dire dotée de tout son relief, cette circonstance pour un homme célèbre me semble inappréciable.

Je ne le plains donc pas trop. Il paraît d'ailleurs qu'il avait un peu mérité ledit exil; on manque de preuves peut-être, mais l'ensemble des faits semble porter vers cette conclusion au devant de laquelle il court lui-même, puisque de son propre mouvement, sans qu'on l'y pousse, il avoue perpétuellement que *le roi a raison* (1).

Le premier avantage réel de son exil c'est qu'il peut à loisir *s'y faire une santé qu'il n'avait jamais eu* dans le tumulte de la cour et de la guerre (2). La santé amena la gaieté, il se prit à rire plus qu'on ne le faisait à la grave cour d'Espagne (3) : jointe à sa vanité perpétuelle, car il lui faut bien reconnaître cette qualité, la gaieté dont nous parlons le soutint, le réconforta, lui insuffla cet aiguillon grâce auquel il surmonta sa longue disgrâce.

Il améliora pendant cette disgrâce sa fortune, supprimant les bénéfices que d'infidèles intermédiaires prélevaient auparavant sur les sommes versées par ses fermiers, trouva qu'il s'acquittait bien de cette besogne, la trouva moins pénible qu'il ne le supposait et en dit joyeusement pour la dé-

(1) Il en veut *à mes vices,* lettre à Mᵐᵉ de Scudéry, 9 janvier 1672.

(2) Bussy à Mᵐᵉ de Montmorency, 11 juin 1669.

(3) « Que c'est une belle chose de rire en Espagne, » écrit de Madrid, le 15 décembre 1679, M. de Villars à Mᵐᵉ de Coulanges.

peindre : *le profit en ôte les épines* (1). En effet il trouve de
la sorte moyen de payer cent mille écus de dettes.

Il s'amusa par la bâtisse et compléta de la sorte ses châ-
teaux de Bussy et de Chaseu qui devinrent deux *aussi
agréables maisons* qu'il y ait en France (2).

Il se plaignait d'avoir peu de mémoire et d'avoir peu étudié
l'antiquité ; cependant, comme il savait plus que la plupart
des gens de qualité (3), il aimait causer, et, dans une gracieuse conversation, aurait presque oublié momentanément
la cour (4). En causant ainsi, en étendant le champ de ses
correspondances, il augmenta son savoir et gagna comme
littérateur et comme poète.

Sa nombreuse correspondance surtout se ressent de ce
concours de circonstances ; l'intérêt s'y continue intime ;
toujours alerte et spirituelle elle porta son nom, et vulga-
risa sa renommée, non pas seulement au point de vue des
lettres (5), mais à celui du seigneur frappé d'exil, et ainsi
victime de méchancetés restées dans l'ombre, pendant un
temps que l'opinion trouvait certes trop long.

Cet exil concernait uniquement Versailles, Paris et la cour ;
il eût pu demeurer en telle partie de la province qui lui eût
le plus agréé, mais évidemment il donna la préférence à la
Bourgogne, son pays, et demeura dans ses terres patrimo-
niales.

L'exil fut également utile à Bussy pour l'éducation de ses
enfants.

Depuis son départ de la cour il reprit sa fille avec lui, et la
conserva toujours à ses côtés, lui apprenant, dit-il avec sim-

(1) Bussy à Mme de Sévigné, 23 mai 1667.

(2) Bussy à Corbinelli, 11 juillet 1669. Mme du Bouchet, écrivant à
Bussy, le 18 mai 1671, lui parle *de la beauté de la maison de Bussy.*

(3 et 4) Bussy au P. Rapin, 2 septembre 1671.

(5) La Bruyère, dans sa lettre à Pontchartrain, le classe au nombre de
nos grands prosaïques, jugement un peu hasardé peut-être.

plicité, *à vivre plus que tout autre chose.* Il lui fait lire des livres d'histoire, des ouvrages d'esprit, l'habitue à discerner les bons d'avec les mauvais, *à bien juger* en un mot, mais il ne la laisse composer ni vers, ni bouts rimés; il veut qu'elle ne fasse pas parade de son savoir, et débite ce qu'elle sait, uniquement devant d'honnêtes gens et des amis, et encore avec une notable réserve et une grande modestie (1). Évidemment il s'agit ici de sa fille aînée, de celle qu'il voulait marier au comte de Limoges, qui était sans fortune, en sorte que Mme de Sévigné disait de ce projet de mariage : « *C'est la faim et la soif ensemble.* » En général pour ses filles, pour leur éducation, Bussy désirait avant tout « de la *raison*, car c'est ce de quoi l'on a le plus affaire dans la vie (2). »

Pour son fils, il tenait à plus d'instruction puisqu'il consulte le P. Rapin afin de savoir s'il doit lui faire redoubler sa rhétorique, et cela sans doute parce que ce jeune homme ne montrait pas assez d'application (3). Quand ce fils parut à la cour il lui abandonna le nom de Bussy (4), signe évident du peu d'espoir qu'il nourrissait d'y jamais reparaître, au moins dans la plénitude de son ancien lustre, et du crédit déjà obtenu par son héritier (5).

Sans doute, vis-à-vis de ses filles et de son fils, il ne cacha pas le danger d'avoir trop d'esprit, danger dont il était un

(I) Lisez la lettre de Bussy au P. Rapin, 28 janvier 1675, et le P. Rapin répond le 13 février : « Il serait bon qu'elle vît les *Femmes savantes*, de Molière. »

(2) Bussy à Mme de Sévigné, 5 octobre 1672.

(3) Lettres des 24 août 1672 et 28 janvier 1672.

(4) Lettre à Mme de Sévigné, 12 avril 1681.

(5) Le duc de Saint-Aignan mande à Bussy les 9 mai et 29 juin 1681, qu'il a beaucoup de lumière et possède une noble fierté.

4.

exemple vivant, incorrigible ; peut-être même ce fut pour
les en garantir qu'il composa cette épigramme :

> L'esprit nous sert fort dans la vie ;
> Sans cela nous n'y faisons rien :
> Cependant cet esprit nous attire l'envie
> Plus que les honneurs ni le bien (1).

Je m'arrête ; j'ai minutieusement dépouillé une partie de
la correspondance de Bussy et le reste ne présenterait probablement que des redites, au moins en ce qui concerne ses
sollicitations envers La Majesté royale ; d'ailleurs vouloir
dépeindre cet homme célèbre d'après sa correspondance entière, où la vie déborde, où les détails abondent, conduirait
inévitablement à dépasser les bornes d'un simple mémoire.

Ces sollicitations une fois constatées, et elles le sont au-
thentiquement, puisqu'on en possède le texte, inspirent
certaines réflexions qui éclaireront notre thèse et feront
mieux envisager le caractère particulier de Bussy.

Ce n'est pas uniquement dans la phraséologie et dans ces
formules de soumission que nos chancelleries modernes de-
mandent que l'on pousse si loin, dès qu'un simple particulier
ose s'adresser à l'auguste personne d'un souverain, car il
n'en coûte rien à notre exilé, nous l'avons vu, d'exprimer
qu'il *adore* ou *vénère* le roi, chez lui, cela se produit sans
effort, c'est une source naturelle, la chose lui paraît innée
et il s'écrierait volontiers, comme Esther comparaissant devant Assuérus (2) :

> Seigneur je n'ai jamais contemplé qu'avec crainte
> L'Auguste Majesté sur votre front empreinte ;

(1) Maximes d'amour et épigrammes, à la suite de l'histoire amoureuse des Gaules.

(2) Tragédie d'*Esther,* act. II, scène VII.

Mais c'est dans le fond lui-même, dans le sérieux de la chose qu'il témoigne invariablement de son affection pour le roi. Il semble que notre auteur veuille persuader à Louis XIV, combien lui, Bussy, se trouve convaincu de la grandeur hors ligne de la personne de Sa Majesté et de l'incomparable distance qui existe, qui doit exister entre le monarque et le sujet. De fait il parvint à inspirer cette persuasion, mais je l'ai dit, en réalité, en tout ceci, l'acteur le plus habile c'est Bussy; définitivement en effet il aboutit à ses fins, et c'est tout ce qu'il poursuit, tout ce qu'il veut, le reste, moyens et comédie, seulement présentés avec un art incroyable et avec une finesse qui peint l'homme.

Pourquoi cette ardeur de Bussy à louer autant Louis XIV, ce qu'il fait toujours d'une manière sérieuse et vraisemblable, quoique répétée? Je croirais assez qu'il se sentait coupable, car on ne médit pas ainsi de son roi, et un bon gentilhomme ne nuisait pas aux dames, comme il le fit à Mlle de la Vallière, à moins d'être un peu méchant. Sans la mettre au nombre de ses *saints*, car ce n'est qu'en 1674 qu'on en parle au roi et il avait quitté la Bastille dès 1666, il dépassa les bornes, et il paraît qu'elle était bien mal traitée par lui, au moins le roi admettait-il qu'on parlât sévèrement de Bussy (1) à propos de ces *Heures* célèbres que celui-ci avait fait confectionner comme s'il appartenait à la cour de Henri III, œuvre de dévergondage plutôt que d'impiété, mais dont ce dernier soupçon (2) faisait froncer le sourcil royal.

Bussy aimait-il le roi par simple préjugé féodal, car il avait avec Mme de Sévigné la fierté de race, ou voyait-il en

---

(1) Lettre de Mme de Sévigné, 4 août 1670. A la date du 12 environ Mme de Scudéry blâme Boileau d'avoir cité Bussy aussi légèrement, et je partage l'avis de cette dame. Du reste, Bussy n'en voulait nullement à Despréaux. Voyez sa lettre à Mme de Scudéry du 8 août 1674.

(2) Lettre de Mme de Scudéry citée dans la note précédente.

lui, et par pur patriotisme, l'agent de la grandeur de la France ? Question délicate, épineuse ! A considérer ces seigneurs du grand roi il pourrait y avoir dans cet amour si proné, et plus crié par dessus les toits que réellement éprouvé, une dissimulation d'égoïsme, un parti pris de profond calcul ; peut-être Bussy s'était-il dit : il en reviendra quelque chose au roi, qui me grâciera, et de là cette perpétuelle et singulièrement attentive façon de dire du bien de Sa Majesté en tout et pour tout.

Le motif pour lequel Louis XIV sévit contre Bussy reste encore inconnu dans son entier, répétons-le en terminant, car ce ne peut-être d'avoir pris part à la Fronde, puisque le roi le traita bien et le fit depuis mestre de camp général de la cavalerie ; ce motif était peut-être peu dé chose ; mais il avait dû froisser le monarque ; Bussy se reconnaît coupable, cela est certain, mais nulle part il n'articule comment, ni à quelle époque, la divulgation aurait donc été une aggravation, on pourrait presque le conclure. Il y a là un secret qui restera sans doute toujours impénétrable comme celui du Masque de fer, mais qui est loin d'atteindre la même importance. Il est seulement probable que les fameux Alleluias (1) dont il fut accusé d'être l'auteur et qui offensaient la Majesté divine, comme la Majesté royale (2) joints à l'imprudence d'avoir écrit et surtout laisser circuler son histoire amoureuse des Gaules, récit assez impertinent de choses impertinentes par elles-mêmes furent pour beaucoup dans sa disgrâce (3).

(1) Le plus fameux fut composé un samedi saint dans une débauche où le sensuel Vivonne l'avait invité avec Guiche et Manicamp.

(2) En personne du roi et de la reine-mère. Le pseudonyme du souverain était *Théodore*.

(3) Bussy en fait l'aveu pour l'histoire amoureuse des Gaules. Lisez sa lettre apologétique au duc de Saint-Aignan, 12 novembre 1665. Cette histoire ne comporte pas plus de 250 pages y compris les poésies inti-

Ainsi Bussy persévéra dix-sept ans (1), Louis XIV aussi. Ce dernier avait donc ressenti bien vivement l'injure de son sujet, car il n'était insensible ni aux attentions, ni aux obsessions, et il se produisit une espèce de conspiration à la cour en faveur du coupable. Le roi voulait surtout prouver qu'on ne touchait pas impunément à ses amours, s'imaginant rester toujours jeune et amoureux. Pour le monarque passe encore; l'amour propre royal est celui qui grise le plus, et Louis XIV, fut assez flatté pour avoir été grisé sous ce rapport. Mais pour Bussy, la chose me paraît extraordinaire; voilà un homme qui a pour lui l'aisance, la renommée littéraire, une grande et belle famille, la distraction d'illustres amitiés, le voilà très-occupé de correspondre avec plus de cent cinquante personnes pendant vingt-six ans et de se faire un admirable collectionneur (2), car sans cela possèderions-nous toutes ces lettres? le voilà célèbre, indépendant, sympathique, on peut dire, et il gémit; de nos jours, dans de semblables conditions, nous eussions tous pris notre parti et oublié, au bout d'un an, le chef ingrat et boudeur du gouvernement, nous disant qu'après tout on pouvait vivre heu-

tulées : *Maximes d'amour.* La *France galante,* qu'on imprime ordinairement à la suite, n'est pas de Bussy, et par conséquent ce n'est pas notre auteur qui a raconté la scène si connue, où Louis XIV aide, malgré sa répugnance marquée pour toutes les misères de ce bas monde, la pauvre La Vallière en mal d'enfant. Il faut bien en effet que l'histoire amoureuse des Gaules soit courte pour qu'on en ait pris copie aussi vite (en 24 heures) dès que l'auteur l'eut communiquée.

. (1) C'était le temps des longs exils, car Arnauld d'Andilly mit *26 ans* à reparaître à la cour. Voyez lettre de Mme de Sévigné à Mme de Grignan, 23 septembre 1671.

(2) Il recevait les lettres de ses amis trois fois par semaine. Lettre à Corbinelli, 11 juillet 1669.

reux en se désintéressant de la politique (1) et en laissant
ceux qui s'en occupent commettre des fautes (à cette hau-
teur on en commet toujours) ; il est vrai que les contemporains du grand Roi dédaigneraient notre ligne de conduite
et, nous considérant comme indignes de devenir des courtisans, nous traiteraient peut-être de bourgeois !

(1) Saint-Evremont et Bussy en sont deux *exemples* dans des genres
différents ; sans leur disgrâce et sans la liberté d'écrire qu'elle leur
donna, auraient-ils l'un et l'autre acquis autant de renommée auprès de
la postérité ?

Paris, 26 juin 1880.

Orléans — Imp. Ernest Colas

www.ingramcontent.com/pod-product-compliance
Ingram Content Group UK Ltd.
Pitfield, Milton Keynes, MK11 3LW, UK
UKHW022321120726
13694UKWH00004B/1492